序

  呼伦贝尔市的文化，最早可以追溯到二万年前的古扎赉诺尔人。随着时间的推移和历史的进步，自公元前200年左右至清朝期间，辽阔的呼伦贝尔大地又先后孕育了东胡、匈奴、鲜卑、室韦、蒙古等十几个游牧部族，被誉为"中国北方游牧民族成长的历史摇篮"。其中影响中国乃至世界发展史的民族有：公元一世纪拓跋鲜卑族"南迁大泽"，进而入主中原，建立了北魏王朝；公元十三世纪，成吉思汗统一蒙古高原，建立了横跨欧亚的蒙古帝国。在史学界，呼伦贝尔继长江文化、黄河文化之后，被历史学家们称之为"中华文明的第三源"。由此我们可以断言，呼伦贝尔大文化就是原生态文化的再现和演绎。抚今追昔，无论是古老的草原游牧文化、森林狩猎文化，还是成吉思汗鞍马文化，无不渗透着"逐水草丰美而居"、信仰萨满、崇拜长生天、追求天人合一理念的一种文化精神写照。只有民族的才是世界的，正是因为这些游牧民族一代又一代地保持并传承了原生态文化所独有的特质，才会在一次又一次的民族融合、征战、迁徙中被保存了下来，成为呼伦贝尔不可多得的宝贵财富。如今，从生活在呼伦贝尔市43个少数民族群众的生产生活中，依稀可以找到原生态文化的影子。2007年9月26日，经中国民协批准，正式命名新巴尔虎左旗为"中国蒙古族长调民歌之乡"，并建立"中国蒙古族文化保护基地"；命名陈巴尔虎旗为"中国那达慕之乡"；命名鄂温克旗为"中国鄂温克文化之乡"，并建立"中国北方少数民族传统服饰文化研究基地"。原生态文化就是呼伦贝尔大文化的魂和根。

  从一般的认识来说，在中国古代史上，民族文化中的不少思想观念与精神因素对于巩固和延续封建的国家秩序起着重要的作用，因而受到自近代以来人们的强烈批判。然而，其中的精华部分所蕴涵的哲学意识、道德观念和艺术见解，不论是过去还是现在，又都在培育民族的优秀精神品格方面起着其他方式难以替代的重要作用。虽然从上世纪以来，中国已经发生文化转型的重大历史演进，传统的民族文化受到了严峻的挑战，大有以西方文化取代传统的民族文化的"革命"之势。但是，经过一个历史阶段的剧烈动荡和时间淘汰之后，多数人还是清醒地认为，传统的民族文化及其所包涵的民族精神，它的精华不仅凝结成了它的过去，也可以滋生出新的未来。尤其是其中所包涵的中华民族特有的优秀精神品质，对于这个民族的发展，对于我们国家的进步，都是不能排斥的。因而，它的国家意义、民族意义便得到了普遍认可。从文化本身来看，人们所主张的只有民族的才是世界的，保护民族文化的特色，才会使民族文化具有世界意义的观点，也同样意味着民族文化在任何一个国家都具有不可或缺的国家意义、民族意义、历史意义和现实意义。

  这次编辑出版的《呼伦贝尔文化博览丛书》共计六册，分别是：博物馆篇、非物质文化遗产篇、民族服装服饰篇、文艺演出篇、北方少数民族岩画篇、餐饮篇。该书集中反映了呼伦贝尔市自2001年10月10日"撤盟设市"以来，特别是"十一五"期间，呼伦贝尔市旅游文化战线发生的巨大变化，以及取得的令人欣慰的成果。该书在编撰过程中得到了全市旅游文化战线上广大同仁的大力支持与帮助，不仅丰富了《呼伦贝尔文化博览丛书》的内容，也提高了该系列丛书的文化内涵与艺术价值、实用价值和收藏价值。这是一部值得一看，值得细细品味，值得认真研究的经典之作，真诚地希望大家通过阅读此书，对呼伦贝尔的民族文化有一个更加全面、更加深刻的了解。并留给人们作为永久的精神文化遗产。

  诚然，该书在编撰过程中，由于受时间紧、任务重、要求高、内容多等诸多客观因素限制，不足与失误之处在所难免，敬请广大读者批评指正。

2011年3月9日

《呼伦贝尔文化博览丛书》

编辑委员会

主　任：金　昭
副主任：刘兆奎　吴宏杰　诺　敏
　　　　钱瑞霞　郭　苹
成　员：高　茹　乔　平　闫传佳
　　　　左　刚　王彭甲　刘青友
　　　　白劲松　郭晓环　肖海昕
　　　　于国良　张丽杰　张承红
　　　　谭福洁　王忠民　孙　莹
　　　　崔越领

编写组

主　编：金　昭
副主编：刘青友
编写人员：高　茹　乔　平　闫传佳　左　刚　王彭甲　刘青友　白劲松　郭晓环
　　　　莲　花　肖海昕　于国良　张丽杰　殷焕良　崔越领　李　慧　刘惠忠
　　　　张承军　张忠良　李　浩　宋文浩　王大钊　吕思义　赵　蕾　贺海丽
　　　　张春香　黄国庆　张桂芳　乌日图　白雪峰　白春梅　张永超　玲　丽
　　　　索日娅　何丽英　张国文　孟松涛　于洪宇　孙　磊　刘　博　关　艳
　　　　鄂　晶　何振华　杜国军　武峰强　贾福娟　孙志彬　孟　丽　山　丹
　　　　董慧敏　郭志英　朱新章　吴玉明　孙静佳　朱朝霞　马静龙　刘立东
　　　　伊　敏　朱秀杰　铁　钢　包青林　周　燕　哈　森　范　博　满　达
　　　　吴玉华　建　军　宏　雷　陈乃森　曹珂香　阿纳尔　包玉波　王　岩
　　　　金铭峰　郭旭光　讷荣芳　王艳梅　崔东波　吴　杰　白春英　杨玉琴
　　　　孙祖栋　王汉俊　邢　锐　孙志斌　马　健　关　荣　韩金玲　朱智卓
　　　　黄国庆　李光明　新苏优勒　乌仁高娃　敖登高娃　哈森其其格
　　　　阿拉木斯　乌丽娅苏　庆格勒图

（本排名不分先后）

目录

A	呼伦贝尔市	1
B	海拉尔区	38
C	满洲里市	46
D	牙克石市	54
E	扎兰屯市	58
F	根河市	68
G	额尔古纳市	76
H	阿荣旗	90
I	莫旗	110
J	陈旗	114
K	鄂伦春旗	116
L	鄂温克旗	122
M	新左旗	130
N	新右旗	136

醬香牛頭
108
RMB

呼伦贝尔
HULUNBEIER TIANJIAO
A PARADISE

呼伦贝尔

市位于内蒙古自治区东北部，地处中俄蒙三国交界，总面积25.3万平方公里，总人口271万，辖一区五市七旗，其中包括达斡尔、鄂温克、鄂伦春3个少数民族自治旗。呼伦贝尔市境内森林、草原、湖泊大都保持了原始风貌，素有"绿色净土""北国碧玉"之城，是我国北方重要的生态屏障。

呼伦贝尔市旅游资源富集，是国家旅游局认定的全国六大重点旅游开发区，是全国旅游二十胜景之一，国家级草原旅游重点开发区。呼伦贝尔市有天然草场8万平方公里，天然林地12万平方公里，拥有3000多条河流，其中著名的有雅鲁河、克鲁伦河、海拉尔河和额尔古纳河等，呼伦湖和贝尔湖等500多个湖泊，狍子、飞龙、黑熊等野生动植物500余种，此外还有丹顶鹤、白头鹤、灰鹤、大天鹅和白天鹅等60多种受国家保护的鸟类。

由于呼伦贝尔市得天独厚的自然和地理条件，这里盛产的牛羊肉肉质鲜美、不膻不腻，用其制作的特色菜有手把肉、烤全羊、烤羊腿、烤羊排、涮羊肉等，味道鲜美，口味纯正，深受广大市民和游客的喜爱。呼伦贝尔市还盛产野生白蘑、野生木耳、蕨菜、黄花菜、桔梗、柳蒿芽、婆婆丁、野韭菜花等山野菜，越桔（红豆）、山荆子（山丁子）、蓝莓、面果等野果和松树籽、榛子等坚果。

呼伦贝尔市多湖泊，呼伦湖等盛产的鱼类多达三十多种，用达赉湖产的鱼和虾可烹制120多道菜，称"全鱼宴"。

呼伦贝尔传统饮食

蒙古族的传统饮食

蒙古族习惯把食品以颜色分为白食、红食、青食和紫食四大类。

蒙古族白食

白食是蒙古族以奶为原料制成的食品，蒙古语称"查干伊德"，意为纯净、圣洁的食品。蒙古族食用的牛奶，一少部分作为鲜奶饮用，大部分加工成奶制品。在长期的游牧生活中，蒙古族创造了一套制作和保存奶制品的方法。鲜牛奶经发酵、蒸、煮、晒等工序后，可以制成黄油、奶油、奶酒、奶干、奶皮等。奶制品的制作方法和名称因地区而有所不同，但从根本上说，可归纳为三种。一种是使奶汁凝固成酸乳状法；另一种是将奶汁搅拌发酵法；还有一种是用慢火熬煮法等。使用上述三种方法制作的奶食品有奶豆腐、奶酪、奶皮子、黄油、白油、酸奶豆腐等。

白油：蒙古语称"查干陶苏"。它是将鲜奶发酵后，撇取上面白色油脂而获得的一种乳油。其味微酸，营养价值高，食用时有一股特殊的清香。由于地区差异，蒙古族在提取白油方面东西部也是不一样的。东部地区是将挤下的鲜奶放在阴凉的地方放七八个小时，上面就会凝结出一层黄色的油皮来，把这层油皮装进袋子使劲揉搓，分离出油脂物叫作搓奶油。在充分揉搓之后，加少量凉水，凝结，取出的油就是白油。但是此法只适用于鲜奶。因为白油水分大，很容易变质发霉，所以不易存放，要根据食用的多少随时提取。白油酸甜可口，可加糖与炒米拌着吃，营养丰富，增加人体热量，长期食用，能使面色红润光泽。

黄油：蒙古语称"希日陶苏"。其味道独特纯香，含有丰富的营养物质，是牧民招待宾客的佳品。黄油可以从奶皮子里提，可以从白油中提，也可以从鲜奶凝结出的油皮中提取。若从奶皮子中提取，则要在奶皮子攒多以后，经过一夏天晾干，然后将其放

入锅中煮,慢慢搅动,渐渐地就可以看见锅中分离出上下两层:上层黄色,下层白色,黄色的油脂便是黄油了。白色的叫做酸油。若从白油中提取,则要将白油倒入锅中加热来炼取。将白油倒入锅中,用温火慢慢熬炼,用勺频频翻动,当水汽没有了,色泽呈微黄时,即制成。若从鲜奶凝结出的油皮中提取,首先还是要用刚挤的鲜奶中撇出浮在上面的油层,然后倒进锅里,用温火加热同时搅动。待烧开后,黄油便会浮出,渣滓下沉,将黄油撇出,剩下的也是黄油渣,不过这种黄油渣非常的酸。黄油营养极为丰富,是奶食品之冠,因为五、六十斤酸奶才可提取二斤左右的黄油,足见其珍贵。为食用方便,牧民常把黄油装在器皿或牛羊胃囊内。黄油具有增添热力、延年益寿之功能。寒冬季节人畜受寒冻僵时,常饮黄油茶、黄油酒来解救。时至八月,人们把黄油装进羊小肚子将其保存起来,待食用时开启,由于不与空气接触,所以一尘不染,依然是新鲜滋润、绵甜可口。黄油,在蒙医看来,有着神奇的效用。如:给刚出生的婴儿喝一小勺黄油,清其肠中之污。

奶皮子:蒙古语称"乌日末"。是将新鲜牛奶放入铁锅中,用文火熬,待牛奶稍微滚起后,用勺子不断翻扬,至泛起泡沫为止,停火后,冷却到第二天,一层奶脂凝结于表面,像蜂窝状麻面圆饼,用筷子挑放在案板上,折成半圆形,在通风处阴干。放入茶中或跟炒米拌在一起吃均可,香甜可口,营养价值极高。秋季是制作奶皮子的黄金季节,原奶质量好,奶皮子就凝结的厚。奶皮子皮酥脆成乳白色,味香微甜,为奶食中的佳品。

奶干:蒙古语称"阿如日"。做法一是把熬奶皮子剩下的奶,或制黄油后余下的奶渣,待其发酵后,用麻布滤去水分,放进锅里慢火煮,边煮边搅,待其稠糊时,装入布袋压榨,挤出黄水后,倒入木模,再切成长条或小方块,晒、晾干即成。做法二是把鲜奶放置发酵后,撇取上层白油,再倒入锅里煮熬。等奶子呈老豆腐,装入刻有各种图案的木模,放通风处晾干即成。白色透明有油性的为上品,发黄较硬的次之。味道有的微酸,有的微甜。

奶茶:蒙古语称"苏太才"。亦称蒙古茶,是蒙古人最喜好的不可缺少的饮料。奶茶的营养价值高,又能促进消化。俗话说,"宁可一日无餐,不可一日无茶"。奶茶的熬法,通常是将青砖茶或黑砖茶捣碎,抓一把茶装在小布袋里(也可不装袋),放入开水里煮,茶在锅里翻腾时,要不断用勺子搅拌,三四分钟后,即把新鲜牛奶徐徐加入。鲜奶与水的比例,可根据自己的条件和习惯。奶茶开锅后,再用勺频频翻搅,待茶乳交融、香气扑鼻时即成,一般为浅咖啡色。有的地方在锅中加点盐,有的在喝茶时随用随加。此外,有的地方把炒米放进锅里煮。这样既有茶香味,又有米香味。蒙古族的奶茶有时还要加黄油,或奶皮子,或炒米等,味道不仅芳香而且咸爽可口,是含有多种营养成分的滋补饮料。蒙古族还喜欢将很多野生植物的果实、叶子、花都用来煮奶茶,煮好的奶茶风味各异,有的还能防病治病。

奶酒：奶酒是蒙古族传统的宴席饮品之一。酿造奶酒有一套完整的、细致的、纯天然的工艺流程，能够保证其产品的天然绿色特质。烈性奶酒的做法是：将新鲜生牛奶倒在木桶或瓮里，置向阳处，用木杆来回搅动，待发酵脱脂后，把剩余的奶浆倒入铁锅内蒸煮。蒸锅上罩一个80厘米高的形如蒸笼的木桶，靠桶的上端放一个双耳瓦罐，瓦罐上方把装有冷水的铁锅坐在木桶上，桶的周围和上下用布或毛巾、麻袋等物紧紧围住。蒸锅下用猛火烧，水蒸气随桶散出，酒精凝在冷水锅里，滴在瓦罐里，即成奶酒。做工精细的酒，无色透明。蒙古人酿出的奶酒，不仅味香，还带着淡淡的奶香味，饮用起来使人心旷神怡。

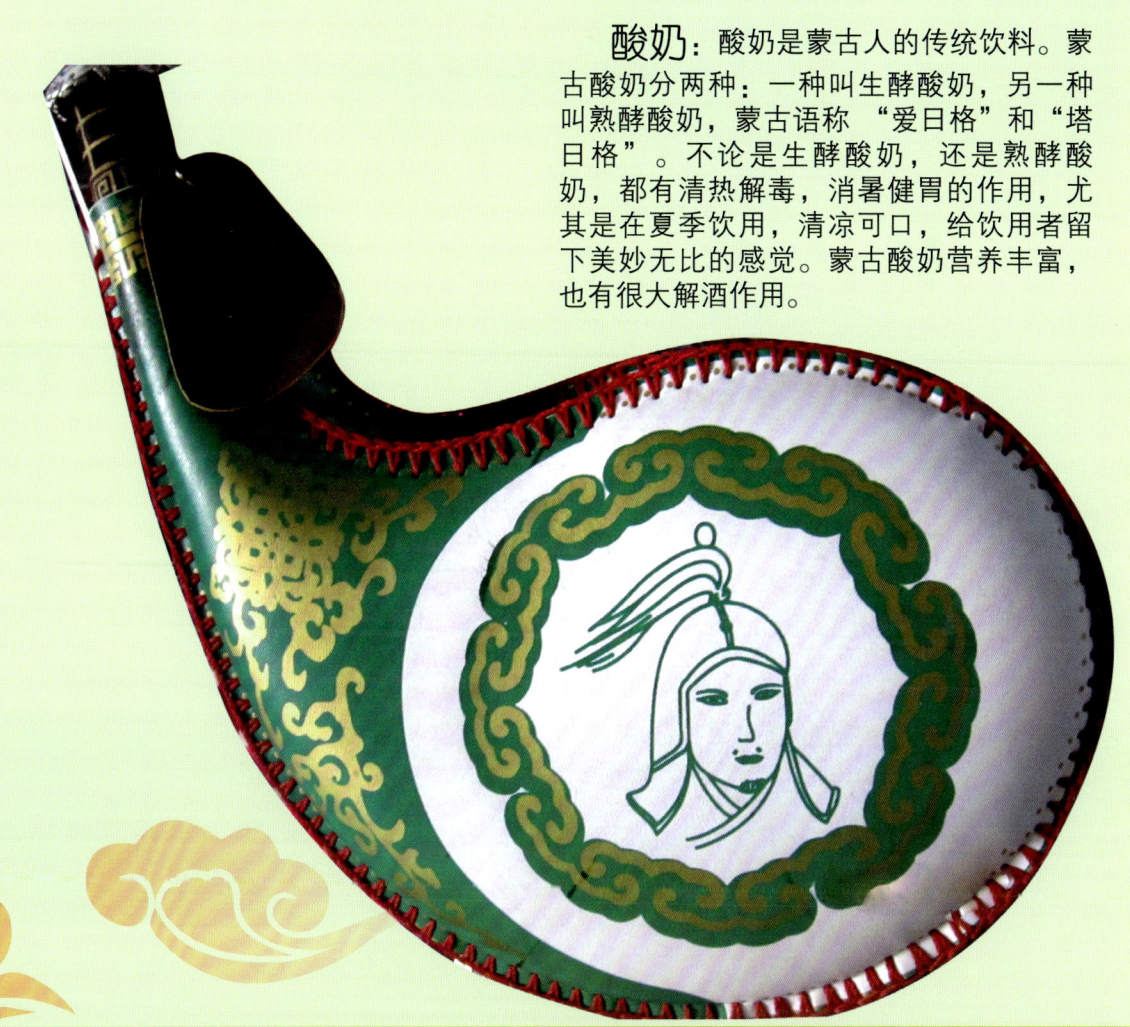

酸奶：酸奶是蒙古人的传统饮料。蒙古酸奶分两种：一种叫生酵酸奶，另一种叫熟酵酸奶，蒙古语称"爱日格"和"塔日格"。不论是生酵酸奶，还是熟酵酸奶，都有清热解毒，消暑健胃的作用，尤其是在夏季饮用，清凉可口，给饮用者留下美妙无比的感觉。蒙古酸奶营养丰富，也有很大解酒作用。

蒙古族红食

奶豆腐：

　　蒙古语称"呼乳德"。呼乳德是蒙古族的传统食品之一，属白食系列，今汉译为奶豆腐。其做法是：先将酸奶放入桶中搅拌，使牛奶发酵，待白色奶油分离后，将白油取出，再将发酵的酸奶用慢火熬煮，煮好后放入专用布袋压榨，再放入木制模盒，制成形状各异的奶豆腐。奶豆腐是蒙古人，尤其是放牧人随身携带的食品，随身含在口中，既能充饥，又能解渴。

手扒肉：是将全羊切成若干块，白水下锅，不加任何作料，水沸后出锅，肉香味美，鲜嫩异常。吃时，用蒙古刀割、刮、剔，用手扒着吃，故名"手扒羊肉"。

羊背子：是将全羊由脊背第七肋骨至尾部割为一段，再割四肢、头、颈、胛各为一件，带尾入锅，煮熟捞出，将全羊的各部拼成原样盛在大铜盘里上席。念唱完放羊背子的赞词后，由一位德高望重的老者将肉割开，吃时先从尾巴开始，每人用蒙古刀从羊尾上割下一条吸入嘴里，然后吃其它部位的肉。

烤全羊：将一只整羊放入烤炉内烘烤，色味俱佳，可称上等佳肴。客人入座后开始喝酒，先上奶食品和羊内脏调制的冷盘；片刻，上若干以牛羊肉为主的热盘。正当客人饶有兴味时，再上民族风味的饮料马奶子，每人一杯，这是要上烤全羊的信号。少许，两名厨师将一只头朝前，后腿弯曲的烤羊放入长方形盘内，端到首席前接受检点。此时，宴会主持人向客人介绍烤羊的过程。尔后，厨师再把羊抬至各席间，让全体客人过目后撤回厨房。厨师先用刀把皮层肉切成半寸宽、2寸长的条，盛于大盘内，上到各桌。然后再把贴骨肉切好上桌。

肉食是蒙古族的主要食品，以食牛、羊、驼肉为主。食法很多，仅羊肉就有10种之多，其"手扒羊肉"、"羊背子"、"烤羊肉"是比较上讲究的。

蒙古族紫食

指用粮食制作的各种食品。

蒙古人主要食用米和面两大类粮食。炒米是蒙古族农牧民的传统食品。

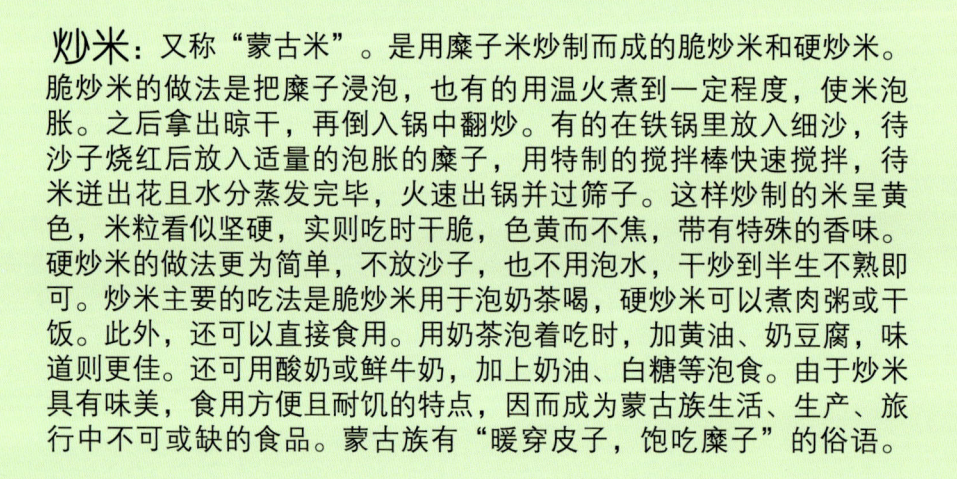

炒米：又称"蒙古米"。是用糜子米炒制而成的脆炒米和硬炒米。脆炒米的做法是把糜子浸泡，也有的用温火煮到一定程度，使米泡胀。之后拿出晾干，再倒入锅中翻炒。有的在铁锅里放入细沙，待沙子烧红后放入适量的泡胀的糜子，用特制的搅拌棒快速搅拌，待米迸出花且水分蒸发完毕，火速出锅并过筛子。这样炒制的米呈黄色，米粒看似坚硬，实则吃时干脆，色黄而不焦，带有特殊的香味。硬炒米的做法更为简单，不放沙子，也不用泡水，干炒到半生不熟即可。炒米主要的吃法是脆炒米用于泡奶茶喝，硬炒米可以煮肉粥或干饭。此外，还可以直接食用。用奶茶泡着吃时，加黄油、奶豆腐，味道则更佳。还可用酸奶或鲜牛奶，加上奶油、白糖等泡食。由于炒米具有味美，食用方便且耐饥的特点，因而成为蒙古族生活、生产、旅行中不可或缺的食品。蒙古族有"暖穿皮子，饱吃糜子"的俗语。

蒙古族青食

青食，是指蔬菜瓜果类食品。蒙古民族虽然一直经营小规模的农业，作为牧业经济的补充，但历史上几乎没有种植蔬菜瓜果的习俗。

呼伦贝尔的特色美食

（一）全鱼宴

呼伦湖，俗称达赉湖。位于呼伦贝尔大草原西部湖水面积2339平方公里，平均水深5.7米，最大水深8米，是我国第五大淡水湖泊，北方第一大湖，是中国北方重要的生态保护屏障。

湖中有30余种鱼类，主要有鲤鱼、鲫鱼、红鳍鲌、鲶鱼、狗鱼、餐鲦鱼和秀丽白虾等，富含大量的人体所需营养成分，是淡水名特优鱼类珍品，也是中国最大的有机渔业生产基地。目前，呼伦湖的鲤鱼、白鱼、鲫鱼、狗鱼、鲶鱼、雅罗鱼、餐鲦鱼、秀丽白虾已获得有机产品认证。呼伦湖产的鲤鱼、鲫鱼、白鱼、红尾鱼等，肉质肥美，营养丰富，含有丰富的蛋白质、无机盐、碳水化合物、脂肪和各种维生素。用呼伦湖产的鲜鱼和湖虾，可烹制鱼菜120多种，称为"全鱼宴"。鱼菜不但营养丰富，而且鲜嫩味美，百吃不厌。

呼伦湖渔业有限公司始建于1948年，是以渔业生产经营为主，集休闲旅游、食品加工、房产开发为一体的多元化公司制企业，也是中国最大的纯天然有机水产品生产企业。

呼伦贝尔文化博览丛书

呼伦湖旅游景区占地面积五平方公里，自1983年开业以来，先后接待过：李鹏、乔石、田纪云、姜春云、邹家华、张万年等数十位党和国家领导人和著名专家学者、文化名人，受到了高度评价。

呼伦湖水域位于东经116°58′-117°47′，北纬48°40′-49°20′高纬度地区的草原深处。这里初霜期在9月上旬至下旬，终霜期在4月下旬至5月上旬，年平均气温只有-1.4℃，水温在14℃以上的时间仅有三个月。本水域的鱼类由于气温低、生长速度慢、生长周期长，商品鱼具有肌肉瓷实、有弹性、筋道、有嚼头的优点。

该水域产出的鱼所摄食的饵料不需投喂人工饵料，全部是鱼类按自身需要所自行选择的天然饵料，由此确保了鱼类肌肉营养平衡，氨基酸、脂肪酸组成比例合理，赖氨酸、谷氨酸等6种与呈鲜味有关的成份含量高于其它地区的鱼，所以口感好、味道特别鲜美。只有本地区在这种特有的特高寒地带生产出来的生长速度慢的鱼类才有这种独道的鲜美特征。

呼伦湖四季风光各不同，夏季是避暑胜地，春秋季是候鸟栖息地，冬季是北方鱼类主要生产地。呼伦湖的旅游已被世界多国游人所认可。

呼伦湖旅游景区就坐落在金色湖畔三角洲上，三面环水，绿草如茵，气候宜人，是夏季游人观光、避暑的理想佳境。绮丽的自然风光和多彩的民族风情，又使呼伦湖成为一个湖泊生态景色为主题，融草原与蒙古族风情为一体的回归自然、享受自然的旅游胜地。是内蒙古著名旅游景点之一，呼伦贝尔市最佳民族风情旅游景区。

呼伦湖的冬季冰下大拉网渔业捕捞非常有名，是呼伦湖特有的渔猎方式，呼伦湖冰捕节作为呼伦贝尔十大冰雪旅游节庆活动已蜚声海内外。北方的呼伦湖冬季结冰期长达半年之久，冬季的呼伦湖被誉为"中国最大的一块冰"。

全鱼宴菜品：

呼伦湖有机全鱼宴被誉为"内蒙古名宴"，以独特鱼虾可烹饪百余种菜肴，全鱼宴有12、14、20、24道菜一桌的，甚至有上百道菜一桌的。主要名贵鱼菜有二龙戏珠、鲤鱼三献、家常熬鲫鱼、梅花鲤鱼、油浸鲤鱼、鲤鱼甩籽、蝴蝶海参油占鱼、松鼠鲤鱼、芙蓉荷花鲤鱼、湖水煮鱼、清蒸银边鱼、葡萄鱼、葱花鲤鱼、金狮鲤鱼、普酥鱼、蕃茄鱼片、鸳鸯鱼卷、荷包鲤鱼、煎焖白鱼、拌生虾、拌生鱼片等。曾获全国第六届烹饪大赛团体银奖、首届中俄蒙美食文化节团体宴席金奖、特色宴席奖。著名作家李准曾在此用宴并留诗："烟波浩渺湖山美，鱼味天下第一家"。

（拌生鱼）

（葱油鲤鱼）　　　　　　　　（蒸干鱼）　　　　　　　　（风干白鱼）

（红烧高白鲑）

（尖椒小河蚌）

（鲤鱼三献）

（虾两吃）

（孔雀开屏）

（窝头鱼籽酱）

A07

（鱼肉馅水饺）

（鱼籽饼）

（珍珠鲫鱼汤）

15

（二）烤羊腿

烤羊腿是呼伦贝尔市招待宾客的一道佳肴名菜。烤羊腿是从烤全羊演变而来。相传，生活在中国北方广阔大地上的狩猎和游牧的民族，常在篝火旁烘烤整只的猎物和整羊进食。人们逐渐发现整羊最好吃的部位是羊后腿，便经常割下羊后腿烘烤。单独烘烤的羊后腿不但比烤整羊时间快，而且更加味道鲜美，食用方便，烤羊腿逐渐代替了烤整羊。经过长期的发展，在羊腿烘烤过程中逐步增加了各种配料和调味品，使其形、色、味、鲜集一体，色美、肉香、外焦、内嫩、干酥不腻，被人们赞为"眼未见其物，香味已扑鼻"。

烤羊腿现今的做法是：取剁去小腿的羊腿一只洗净，在肉表面深划十字花刀，刀口深至骨，放入烤盘内，加入胡萝卜丝、芹菜段、葱丝、姜块、蕃茄块，再加入胡椒、料酒、酱油、精盐、清汤等调味品，放入烤箱，烘烤约四小时左右，等汤近无，肉干呈酱红色时即可出炉，整羊腿盛盘上桌，用刀切割成小块，供佐酒下饭。

目前，烤羊腿都采用具有先进技术设备的远红外线电烤炉来烘烤，在火位、品味及卫生等方面都达到了较高水平。来呼伦贝尔的中外友人品尝烤羊腿后，对选料之精、造型之美、口味之香，无不交口称赞。

（三）呼伦贝尔涮羊肉

也称"涮锅子"，是风行呼伦贝尔的一种食肉方法。因呼伦贝尔草原无化学污染，水草丰美，温差大，所产绵羊肉鲜细嫩，无膻味，是涮锅子的上等原料。六七十年代北京"东来顺"火锅店专门从呼盟购羊，以张扬声誉。现今呼伦贝尔市各地饭店，餐厅几乎都经营涮羊肉项目。

原料：
羊肉片、腌韭菜花、芝麻酱、豆腐乳等各种作料配置的蘸料，依个人口味添加。

做法：
将嫩羊肉切成极薄的片,最好的还是肥瘦相间，在火锅中加水烧沸，将上面所说的火锅底料加入，按各人喜欢的比例配好调料，料丝浸泡好,白菜洗干净后，将羊肉片、白菜、料丝等放入火锅中，边涮边吃，加些芝麻酱，还可以享受火锅中鲜美的肉汤。可与十全大补汤媲美。

涮锅子的火锅有多种，有铜质、铁质、不锈钢、瓷的；有多人合用和单个使用两种，燃料也分木炭、液化气、酒精、电等数种。

（四）烤苏泊牛腿

主料:苏泊牛腿1只
辅料：酸黄瓜、葱、姜。
调料：盐、味素、蒜蓉辣酱、烤肉蘸料、韭菜花。
制作：牛腿酱制入味、刷酱烤熟即可。
特点：传统的烤制方法加以创新使菜肴更完美。

（五）金锅巴尔虎羊肉

主料：带皮羊肉2.5斤
辅料：玉米、菜心、生菜、鲜粉、金针蘑、黑木耳、红泡椒
调料：自制沙爹酱、盐、味素、红油
制作：羊肉酱制入味造型调汤放入锅中即可
特点：营养丰富、菜品大气

（六）哈萨尔烤羊排

主料：羊排两扇
辅料：酸黄瓜、圣女果、苏子叶
调料：孜然粉、李锦记辣椒酱、蒜蓉辣酱、鸡汁、蚝油、阿香婆香辣酱。
制作：羊排腌制入味、烤熟刷酱装盘即可。
特点：口感干香、味道咸鲜香辣、造型独特。

（七）步步登高

主料：牛蹄子1个
辅料：葱、姜、西兰花、圣女果
调料：辣酱、麻辣鲜、鸡汁、汤王、盐、味精、药料、红曲米。
制作：将牛蹄洗净、用纱布包紧、放入闷罐中加水调色、调味、小火煲制3-4小时装盘即可。
特点：口感软糯滑嫩、味道咸鲜香辣、造型美观。

（八）整羊席

整羊席是呼伦贝尔地区款待贵宾和祭奠及盛大节日宴会上的极贵重的名佳菜。色、香、味、形俱佳，别有风味，因宴席是用整只羊做成而得名。一般选用二岁左右肥全羯羊。

烹制整羊主要方法是：选羊一只杀死，用水烫去羊毛，掏去内脏后，一是用白开水煮熟蘸上配好的佐料食用，二是将佐料放入羊腹腔内，将整羊放在烤炉内烤熟食用。后者是在过去蒙古族饮食"火烤羊肉"的基础上与"烤鸭"的方法结合而成的。出炉时香味满室，色泽好看，皮酥脆，肉特香。

整羊席吃法是：上席时将整羊平卧于一大木盘中，羊脖上系一红绸带以示隆重。端入餐桌让宾客观看后回厨房改刀，按羊体结构顺序摆好，主人先用刀将羊头皮划成几小块，首先献给席上最尊贵的客人或长者，然后将羊头撤走；再把羊的背脊完整地割下来，在羊背上划一刀，再从两边割下一块一块的肉逐个送给客人。最后请客人用刀随便割着吃。吃时蘸兑好的适口调味汁。整羊席上，还可适量安排凉盘、热菜及饭食。

（九）布里亚特包子

布里亚特人是蒙古族中比较有特色的一个支系，他们于20世纪初才从贝加尔湖一带迁到呼伦贝尔定居，他们从语言，服饰，饮食上都有自己的特色。布里亚特包子是布里亚特人在吸收汉族食品制作方法后，加入自己民族饮食特点而发明的别具风味的一款民族风味美食。包子外形与北方汉族包子并无多大差别，其最大特点在于包子馅的制作。布里亚特包子就地取材，以当地特产优质羊肉为原料，不加其他任何调料，也不放蔬菜、大葱等任何辅料，但吃起来鲜香可口，不膻不腻。在布里亚特人聚居的鄂温克旗锡尼河西苏木，国柱和高娃夫妇开设的小餐馆制作的布里亚特包子远近闻名，许多人慕名前往，吃过后赞不绝口。

（十）蒙古馅饼

蒙古馅饼是蒙古族群众在长期的生活实践中所独创的食品，它具有鲜明的民族风味和地区特色。这种风味面食，据今已有三百多年的历史。最早是以当地特产的荞麦面制皮，牛羊猪肉为馅，采用干烙水烹的方法制成。明末清初，馅饼面食从民间传入王府，由干烙水烹改为用豆油、奶油煎制，并用白面做皮，成了王府中经常食用的佳品。

蒙古馅饼以其色、香、味、形俱佳而闻名。其特点有三：一是薄，面和得稀，包好馅后用刀翻、手拍，皮还不能破漏。其二是"蒙古馅饼"馅剁得特别细碎，细如鸡粉，肉馅拌得滑。其三就是烙法独特，烙熟后走油。最初民间采用干烙水煎的方法，后来传入王公贵族府第改干烙水煎为用奶油、牛羊油、大豆油煎制。后来又改为先烙馅饼、待烙出后再往饼上刷油的煎制方法了。

这种以面稀、皮薄、馅细为特点的特色馅饼，烙制后饼形如小铜锣，外焦里嫩，饼面上油珠闪亮，滋滋作响。透过饼皮，里面的馅，肉似玛瑙，菜如翡翠，红绿相间，煞是好看。蒙古馅饼皮薄透明，金黄油亮，用筷子把饼夹入盘内，破开饼皮，热气升腾，香味扑鼻，再放上蒜泥、醋、酱油，吃起来，真是鲜美异常，软嫩可口，引发人们强烈的食欲。

蒙族馅饼是上等地方美食，是蒙古族人家招待贵客的主要食品之一。每到蒙古族家庭作客，他们以馅饼这种面食，作为最好饭食招待来客。汉族有句俗语："好吃不如饺子"，蒙族有句常话："好吃不如馅饼"，由此不难看出馅饼是食用佳品。

（十一）炸羊尾

呼伦贝尔特色菜是以羊尾膘脂、鸡蛋清、果脯、白糖为原料炸制而成。此菜外型美观、香甜酥脆，带水果味，多用在接待宾客宴席上。

炸羊尾的做法是：将羊尾切成薄片，将白糖、京糕、麻仁掺面粉拌匀成馅，包裹上羊尾片。把植物油热至五成，将羊尾裹上蛋、泡糊，逐个入油炸，炸至呈淡黄色时捞出装盘，再撒上白糖即可上桌。此菜的特点是：色泽美观，香甜酥润。

（十二）红酒炖牛肉

材料：牛腩、洋葱、土豆、红酒、黑胡椒、蒜、番茄酱、糖适量、盐、高汤

制作方法：

1、洋葱、土豆去皮切块备用；

2、牛肉切块加黑胡椒，盐，红酒腌制一个小时左右；

3、锅里放油，烧热，放洋葱、蒜爆香，放入牛肉翻炒一下；

4、把刚刚腌牛肉时的红酒料倒入，加高汤、番茄酱和适量的糖，大火烧10分钟，放土豆，小火咕嘟牛肉至酥烂。

（十三）炸柳蒿芽丸子

主料：柳蒿芽0.6斤、猪肉馅0.4斤
辅料：米网皮
调料：淀粉、盐、味素、香油
制作：将肉馅柳蒿芽调味和匀、团成丸子炸制成熟、装盘即可。
特点:传统特色的地方美食、具有养生保健功效。

（十四）铁扒狍肉

（十五）碧绿驼掌

（十六）酱香牛头

功效：补脾胃，益气血，强筋骨。治虚损羸瘦，消渴，脾弱不运，水肿，腰膝酸软。

酱香牛头
108 RMB

（十七）三种肠拼

功效：肠粘膜为制取肝素的原料，肝素具有抗凝血、抗血栓、调血脂、抗动脉粥样硬化等多方面的药理作用，详见猪肠。牛肠粘膜制取的肝素的抗凝效果稍低于羊肠粘膜和猪肠粘膜制取的肝素。

（十八）手把羊肉

功效：羊肉是我国人民食用的主要肉类之一，羊肉比猪肉的肉质要细嫩，而且比猪肉和牛肉的脂肪、胆固醇含量都要少。冬季食用羊肉，可以起到进补和防寒的双重效果。中医认为，羊肉有益肾补虚养肝的作用，尤其适合老年人或者体虚的男人。

（十九）蒜泥羊头肉

功效：降低胆固醇及血脂，增强血管弹性及降低血压，减低血小板凝集并能减少心脏病发作。具有强力杀菌作用，尤其适用肺、胃部的感染及微生物感染。能调节血糖，降低糖尿病发作，并减少30%的直肠癌及50%胃癌的发作。与脂肪结合，清肠，去毒，清血液，消除身体内的杂质。

（二十）秘制小葱牛肉

健美营养学中最近的争论围绕着低碳饮食和以牛肉取代鸡、猪肉这两个话题进行。牛肉又一次被尊为增长肌肉饮食计划中最重要的一部分。阿诺德•施瓦辛格和弗兰克•哥伦布听到这个所谓"最新进展"时一定会感到忍俊不禁，因为他俩早从70年代起就已开始将牛排作为主餐了——这远远早于科学实验对以下经验的证实：要想收效最好，每日五次饮食中至少有一到两次牛肉。

（二十一）羊血汤

功效：止血，祛痰。治吐血，外伤出血，跌打损伤。

（二十二）心肝肚拼

　　动物内脏含有丰富的铁、锌等微量元素和维生素A、维生素B2、维生素D等，食用后，能有效补充人体对这些物质的需求。不仅如此，一些动物内脏像鸡胗和鸭胗，因为其中的蛋白质与鸡肉、鸭肉相当，而脂肪含量却只有鸡肉和鸭肉的1/5，可以说是一种很健康的食品，几乎所有的人都能食用。正在长身体的儿童容易缺锌，更有必要吃动物的内脏。

（二十三）黑椒羊颈骨

　　功效：根据《金匮要略》记载，羊肉对于心脾气虚所致的心悸、气短、乏力、失眠、气虚寒凝所致的脉管炎等都有辅助治疗作用。还能增强肌体的抵抗力，对病后体弱、贫血、产后气血两虚者都大有好处。

（二十四）五香灼牛胸口

功效：牛肉富含蛋白质，氨基酸组成比猪肉更接近人体需要，能提高肌体抗病能力，对生长发育及术后、病后调养的人在补充失血、修复组织等方面特别适宜，寒冬食牛肉可暖胃，是该季节的补益佳品。

（二十五）熏酱羊拐筋

羊筋是羊蹄的韧带。羊筋在宰杀季节，经过剔取、拉直，扎成小把，可长期保存，久藏不坏。用羊筋做的菜肴品种很多，是呼伦贝尔地区最常见也是很有声誉的地方菜之一。

1、草原白蘑

白蘑是伞菌中较为珍贵的品种，呼伦贝尔草原由于夏季气候温凉湿润，光照时间较长，使白蘑有良好的生长环境。每年的8-9月份为最佳采摘时期，由于满洲里周边草原环境没有污染，生产的白蘑受到国内外人士的喜爱。

白蘑的菌体为白色，半球形，菌盖5-12厘米，成熟时平展。柄粗壮，长3.5-6厘米，直径1.5-3.5厘米，中实心，基部稍膨大，菌褶白色，稠密，中部宽，凹生，菌肉肥厚，质地细嫩，具香气，味鲜美。

白蘑有多种食用方法，可以做馅，溜炒、涮火锅等，也可以晾干长期食用。

在呼伦贝尔大草原上，白蘑都是一圈圈的长着。在圆圈里，一株株蘑菇丁，就像珍珠般撒落在碧草中，一圈圈的白蘑只要你俯下身去，就可以拾起。因为白蘑的根深深地扎在泥土中，所以采白蘑的时候，要用锋利的竹刀，把土削掉，根朝下，把白蘑放进背筐里。在七八月间，雨水丰润的时候，一个蘑菇圈可以采上几十斤至上百斤的鲜蘑菇。

在煮手把肉的锅里，放上几颗鲜白蘑，味道更是鲜美，羊肉嫩，蘑菇鲜，令人胃口顿开。瓢白蘑、素溜白蘑、炝白蘑，是用白蘑做的三道名菜。瓢白蘑的做法是把鲜蘑先用开水焯一下，然后放在冰箱或冷库里连原汤冷冻起来，做菜时将蘑菇根掏空，放上预先团好的肉泥丸，然后用锅蒸熟。瓢白蘑以色、味、香、形俱佳而受到客人们的啧啧称赞。白蘑肉厚，味醇，口感清香而润滑，脆爽而鲜嫩，味浓而不腻，余香满口。因此草原上的人们把白蘑视为珍品。

2、野菜

呼伦贝尔市的野菜主要有：蕨菜、黄花菜、柳蒿芽、桔梗、婆婆丁等。

（1）蕨菜

呼伦贝尔盛产蕨菜。蕨菜又名蕨儿菜、龙头菜、野鸡膀子等，是凤尾蕨科多年生草本植物，高约1米，地下茎横蔓土中，被棕色茸毛。叶大呈三角形，多回羽状复叶，秋后在叶背面边缘生褐色斑点，多生于山地林下。

新鲜蕨菜的嫩叶或幼苗，每100克中含水分86毫克，胡萝卜素1.68毫克，维生素丙36毫克，并具有一种特殊的清香味道。无论是炒菜或做汤，都美味可口，因此，国外友人称蕨菜为"山菜之王"。

蕨菜的根状茎，磨碎后用纱布过滤、沉淀就能得到蕨粉，蕨粉可食用。蕨菜性甘寒，具有祛暴热、利水的作用，能治食嗝、伤风热毒等症。

呼伦贝尔草原的特产

呼伦贝尔文化博览丛书

每年5月是采集蕨菜的黄金季节。采集的拳卷嫩叶，洗净盐渍，1吨鲜品可出盐渍菜0.7吨。呼伦贝尔盐渍出口的蕨菜，鲜黄绿色，长短在6寸以上，无杂质，味好，深受日本等国外客商的欢迎。

（2）黄花菜

当夏季刚刚降临呼伦贝尔之时，盛开淡黄色花朵的萱草便开始点缀呼伦贝尔广阔碧绿的草甸子和山坡地带。萱草，属于百合科多年生草本植物，在我国分布很广，南方的黄花萱草，长得高，花朵大，花蕾长，除了野生外，大都进行人工栽培。而呼伦贝尔地区的野生萱草多属小萱草。小萱草，高35-60厘米，肉质根肥，叶长约45厘米，窄而亮，花长在花茎顶端，淡黄色，漏斗状，有香气，每年六七月间，人们便开始采集小萱草的黄花，它就是人们熟知的山珍——黄花菜，也叫金针菜。

黄花菜是人们喜食的野生名菜，在我国已有几千年的栽培历史。据记载黄花菜含有维生素A、B、C等达36%，脂肪0.3%，营养丰富，味道香腻。特别是春冬时节，炒肉、蛋或做汤，其味鲜美，是人们喜食的佳品。另外，其嫩苗、根、花蕾均可入药，具有利尿、镇静、安眠和预防呕吐的作用，可治水肿、小便不利、便血、乳痛等疾病。

新鲜的黄花菜中含有积水仙碱，食用时必须先用水蒸气略蒸一下，放在阴凉干燥地方晾干，或者用开水略煮一下，然后用冷水浸泡一段时间晾干后才可食用。

（3）柳蒿芽

柳蒿芽植物学名为"柳蒿"，是多年生草本植物，菊科蒿属，达斡尔语称之为"昆米勒"。它一丛丛、一片片地生长在河边，多半生在柳丛里，可长到2米多高。叶子像柳树叶一样细长，叶子的边缘成锯齿状样，主枝干顶端有一束叶向周围伸展，犹如盛开的菊花。整个枝叶远看像艾蒿，但同艾蒿比，表皮没有绒毛且不发白，而是像柳树叶那样光滑、翠绿、明洁，因而被称为"柳蒿"。因为人们是采集它的嫩芽，即上部的枝叶和顶部的一束叶食用，所以又称其为"柳蒿芽"。

柳蒿一般株高30-150厘米。根状茎横走，地上茎直立，稍具有条棱。单叶互生，中、下部叶矩圆形，披针形或条形，三深裂，边缘有锯齿；上部叶披针形，不分裂、较小；叶背面密布灰白茸毛。头状花序排列成穗状，边缘为雌花、中央为两性花。花冠钟形，黄绿色，瘦果矩圆形。据现代科学手段对柳蒿芽营养分析测定：在每百克柳蒿芽鲜品中含蛋白质3.7克、脂肪0.7克、碳水化合物9克、粗纤维2.1克、胡萝卜素4.4毫克、维生素B20.3毫克、烟酸1.3毫克、维生素C23毫克。每100克干品中，含钾1960毫克、钙950毫克、镁260毫克、磷415毫克、钠38毫克、铁13.9毫克、锰11.9毫克、锌2.6毫克、铜17毫克。

柳蒿芽均在端午节前采摘，之后枝干老化，变硬，不能食用。采柳蒿芽的人们从不连根拔，只采最上部的嫩叶，来年从掐断的部分又会长出新叶。

柳蒿芽有清热解暑、消炎解毒、健脾开胃、通便利尿、强身健体、美容保健等多种药用功效。明末清初，达斡尔、鄂温克、鄂伦春人住在黑龙江北岸时就有采食柳蒿芽的习俗。清代文人西青著《黑龙江外记》曾有"野菜有名柳蒿者，春日家家采食，味初不甚鲜美"。人们食用柳蒿芽有文字记载已有300余年的历史。

每年端午节前后的春末夏初，居住在呼伦贝尔各地的达斡尔、鄂温克、鄂伦春、蒙、汉群众三五结群去野外采集柳蒿芽，尤其是达斡尔人最为喜食。采回柳蒿芽后，放入滚烫开水中焯熟，捞出用清水洗数遍，挤干剁碎，再放入预先煮好的云豆汤里，再放入猪排或猪肉片、豆油、盐等，也可放牛、羊肉和鱼肉、肥肠等。柳蒿芽炖菜中的红色豆粒和深绿色汤汁红绿相间，清淡典雅，味道鲜美，满室飘荡着这种微带苦味的奇特芳香，闻之令人垂涎。柳蒿芽除炖吃外，还可凉拌、蘸酱吃，并且可做成馅包饺子和包子等。

柳蒿芽采来后，除留一部分现吃外，人们都把它晒干储存起来，在冬季或青黄不接的季节食用。目前，柳蒿芽已被列为呼伦贝尔特产，一些加工企业经过采集、筛选、晒干、压制，将柳蒿芽制成大小不同的包装上市，颇受消费者的欢迎，人们在一年四季都可享受到这种毫无污染的呼伦贝尔的绿色食品。各大宾馆、酒店的餐桌上，柳蒿芽炖排骨、肘丁柳蒿芽、清拌柳蒿芽凉菜、柳蒿芽蘸酱菜、柳蒿芽馅饺子等也被作为呼伦贝尔名菜佳肴隆重推出，并受到消费者的青睐。

(4) 桔梗

又名铃铛花、四叶菜。桔梗科，桔梗属。多年生草木，茎直立，高40-80厘米，无毛。肉质根，圆柱形，长5-30厘米，径1-2厘米。三叶轮生，或于茎上部对生、互生、卵形披叶形，近椭圆形，锐锯齿缘。花大，1至数朵生于茎及分枝顶端。年产量高，产品质优，条粗均匀、坚实、洁白、味苦，产量大，外销量大，是呼伦贝尔市外调的重要野生中药材之一。根入药，称桔梗。具有祛痰、利咽、排脓功效。用于治疗痰多咳嗽、咽喉肿痛、胸满腹痛、咳吐脓血、痢疾腹痛。

肉质根可食用，朝鲜族用其腌制小咸菜，别有风味，很受市场欢迎。

(5) 蒲公英

蒲公英，又名黄地丁、婆婆丁、黄花三七等。菊科蒲公英属，多年生草本植物。呼伦贝尔蒲公英种类繁多，分布广泛。我国有22个种、三个变种，内蒙古有4个类群，17个种，呼伦贝尔有4个类群，12个种。目前均处于野生状态。

蒲公英属直根系，主根粗大，入土深达1-3米。根再生能力强，断根后可长出更多新根。一般株高20-40厘米，幼苗期匍匐于地面，叶呈莲座状。广泛生于山坡草地、路边、田野、沟边、河岸沙质地。花果期5-9个月。嫩叶可食用。蒲公英具有清热解毒，泻肝明目，消肿散结，健脾利水功效。营养成分及其丰富。其含铁量之多列野菜之前茅。

(6) 韭菜花

呼伦贝尔盛产野生韭菜花，盛夏时节，漫山遍野的野韭菜花怒放在艳阳下，本身就是一道风景。当地人充分利用了这一资源，采集野生韭菜花制作韭菜花酱，味道超级鲜美。一般我们在超市见到的韭菜花无论多大的牌子，其实原料都不完全是韭菜的花，一般都掺有或多或少的韭菜梗茎，更别说是野生的了，味道比起呼伦贝尔的相差甚远。当地人做韭菜花都是采集花的部分，打成茸腌制，色泽上本身就较超市买的要浅，味道更清香。

韭菜花是手扒羊肉和涮锅子等美食中必不可少的一道作料，吃着鲜美的羊肉，蘸上韭菜花及其他作料，真可谓是回味无穷。

3、大兴安岭黑木耳

黑木耳是一种珍贵的药材，明代著名医药家李时珍在《本草纲目》中记载，木耳"性甘平，主治益气不饥"等。

近代医学工作者对黑木耳的药用价值又有新的发现，认为黑木耳还具有清肺润津、取淤生新的功效，黑木耳中还含有抗癌物质，是一种抗癌药用食品。

黑木耳还可以促进人体血液循环，治疗冠心病等。据专家测定，每百克黑木耳含蛋白质10.6克，脂肪1.2克，碳水化合物65.5克，粗纤维7.0克，钙357毫克，磷201毫克，铁185毫克；还含有维生素B1、维生素B2、胡萝卜素、烟酸等多种维生素和无机盐、磷脂、植物固醇等。

黑木耳的含铁量是芹菜的20倍，猪肝的7倍，是一种非常好的天然补血食品；而且含钙量相当于鲫鱼的7倍。

黑木耳具有益智健脑、滋养强壮、补血治血、滋阴润燥、养胃通便、清肺益气、镇静止痛等功效。祖国医学认为，

黑木耳能"益气不饥，轻身强志"。

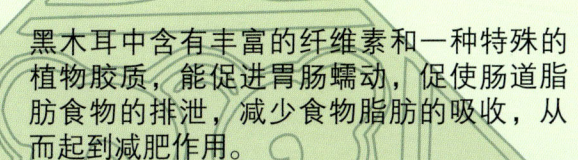

黑木耳中含有丰富的纤维素和一种特殊的植物胶质，能促进胃肠蠕动，促使肠道脂肪食物的排泄，减少食物脂肪的吸收，从而起到减肥作用。

黑木耳中的胶质，有润肺和清涤胃肠的作用，可将残留在消化道中的杂质、废物吸附排出体外，因此它也是纺织工人和矿山工人的重要保健食品之一。

黑木耳中的多糖有抗癌作用，可以作为肿瘤病人的食疗。

4、沙果

沙果，科属蔷薇科林檎的果实，又名文林果、花红果、林檎、五色果、连株果等。性平，味酸甘；入心、肝、肺经。功效有止渴生津，消食化滞，涩精。主治津伤口渴，消渴，泻痢等病症。每100克含水分82克，蛋白质0.3克，脂肪0.8克，碳水化合物15.1克，热量69千卡，粗纤维0.9克，灰分0.2克，钙45毫克，磷9毫克，铁0.9毫克，胡萝卜素0.05毫克，硫胺素0.02毫克，核黄素0.02毫克，尼克酸0.2毫克，抗坏血酸1毫克，钾148毫克，钠0.9毫克，镁7.3毫克。

沙果的叶鲜用或晒干用，皆具有泻火明目，杀虫解毒的作用。可治疗眼目青盲、翳膜遮眼及小儿疥疮。

为了沙果能够长期贮存且方便携带，呼伦贝尔人用特殊工艺将沙果制成了沙果干。沙果干浓缩了鲜沙果的营养精华，口味纯正，具有生津止渴、健胃消食的功效，片片酸甜感受，美味不可抗拒，是理想的健康休闲食品，不含任何防腐剂，不含任何硫化物。

5、蓝莓野果汁

来自大兴安岭的问候——纯天然蓝莓野果汁，以采自生长于大兴安岭森林深处的野生蓝莓为原料，纯天然，无污染，无任何防腐剂，是人们生活中不可多得的天然绿色饮品。

保健功效：蓝莓属高氨基酸，高钙，高锌，高铁，高铜，高维生素的营养保健品。

（1）内含植物蛋白"SOD"，具有养颜美容、延缓衰老之功效，女士饮用后更加青春靓丽。

（2）解酒，开胃，提神；果汁与白酒以4：1的比例勾兑饮用，口味独特，适合交际

呼伦贝尔文化博览丛书

应酬多，夜间工作时间长的上层男士饮用。

（3）解除眼睛疲劳，营养视网膜、增强视力。

（4）富含各种氨基酸，特别是人体需求而人体自身不能够合成，必须从食物中摄取的八种氨基酸，具有增强人体免疫力等功能。

（5）纯绿色饮品不含任何防腐剂。

6、榛子

又称榛栗、山板栗、尖栗、棰子等，榛子属桦木科植物，为野生灌木榛子树的种子。其果形似栗子，外壳坚硬，果仁肥白而圆，有香气，含油脂量很大，吃起来特别香美，余味绵绵，因此成为最受人们欢迎的坚果类食品，被称为坚果之王，营养素含量丰富。

坚果共分为两种：树坚果和种子。榛子、核桃、杏仁、腰果这"四大坚果"都属于树坚果，也就是植物的精华部分，含有亚麻酸、亚油酸等丰富的不饱和脂肪酸、膳食纤维以及维生素B、维生素E和磷、钙、锌、铁等微量元素。

在"四大坚果"中，榛子不仅被人们食用的历史最悠久，营养物质的含量也最高。在我国的《诗经》中，就曾有人们食用榛子的记载；明清年间，榛子甚至是专为宫廷所享用的坚果。吃榛子在古代欧洲也是一件流行的事，它们种植榛子的历史有700年之久。

最初，人们只是把榛子当作一种很好的天然食物，但随着对其研究的不断深入，人们越来越发现，它对健康有着不可忽视的作用。美国波兰特大学在实验中发现，榛子中含有很强的抗癌成分，对于卵巢癌、乳腺癌等癌症具有很好的抑制作用，可以延长病人将近一年的生命。此外，榛子中镁、钙和钾等微量元素的含量很高，长期食用有助于调整血压。

在榛子的主产地土耳其，除了单独食用以外，它更是各种糕点、冰淇淋、巧克力等甜食中不可缺少的搭配。土耳其人日常以肉食为主，烧肉或烤肉是最主要的食物，但一个奇怪的现象是，大部分土耳其人的血脂指标都很正常，并没有因为吃肉而损害健康。土耳其伊斯坦布尔医科大学的研究人员解释，这是因为榛子具有降低胆固醇的作用，避免了肉类中饱和脂肪酸对身体的危害，能够有效地防止心脑血管疾病的发生。

很多人认为榛子吃多了容易觉得腻，其实，它本身有一种天然的香气，具有开胃的功效，其中丰富的纤维素还有助消化和防治便秘的作用。对于每天坐在电脑前工作的白领来说，多吃点榛子等坚果，可以增强面部肌肉的咀嚼能力，进而起到提高视力的效果。

目前，干果店的榛子大致分为两大种：小榛子（包括毛榛子和平榛子）和进口大榛子。小榛子的口感较好，香味纯正；毛榛子的根部略向外鼓出，呈圆弧形，果仁甘醇芳香；平榛子的根部则较为平滑，果仁香甜；大榛子多是从土耳其或美国进口的，色泽好、个头大，但味道比较淡。

在榛子的吃法上，既可生食，也可炒食。把果仁碾碎，做糕点时放进去，或者加在牛奶、酸奶、冰淇淋里，做成榛子乳、榛子脂等，也是非常好的吃法。另外，还可以用榛子来煮粥：将榛子、莲子、粳米放在一起，煮成"榛莲粥"，不仅口感好，而且营养丰富，癌症和糖尿病人平时可以多吃些。

由于榛子中含有丰富的油脂，胆功能严重不良者，平时应该少吃。西班牙科学家的一项研究认为：普通人每周吃5次，每次吃25—30克的榛子较为合适。

7、山丁子

山丁子果实似苹果，小如大豆，蔷薇科，苹果属。味甘酸，性凉，能润，生津，利痰，健脾，解酒，山丁子的营养成分高于苹果。可以酿酒，制作绿色饮品。还可以嫁接苹果等植物。

8、秀丽白虾

秀丽白虾又称秀丽长臂虾。体呈圆筒形，体表光滑，身体透明，成虾体长一般为35～80毫米，体重0.4克～2.4克。

秀丽白虾是呼伦湖中唯一的经济虾类，具有生长快、食性广、繁殖力强、营养价值高等特点。是高蛋白、低脂肪生物，鲜虾所含粗蛋白比同水域鱼类高许多。秀丽白虾的繁殖季节，在呼伦湖水域中5月末至8月中旬，繁殖高峰在6月中旬至7月中旬。

秀丽白虾属杂食性动物，终生以浮游动物、植物碎屑、细菌等为饵料。鲜虾产量很高，从90年代开始，呼伦湖鲜虾产量逐年增多，现年产鲜虾2300吨左右。

9、列巴

"列巴"是俄文译音，是俄语里面的大面包，它是极富特色的欧式食品。

大列巴个头很大，直径最大时可达1尺(33厘米)，重达三四千克，和半个篮球差不多大小，外壳硬硬的，其味道是甜中有酸，外焦里软。吃的时候要切片就着黄油、苏伯汤才有味道。

大列巴是以面粉、酒花、食盐为主要原料。俄罗斯传统的加工方法是以酒花酵母发酵好的面团，加入适量的盐，放在很大的立式烤炉里用东北森林里的椴木或桦木等硬杂木烤制。酥脆暄软，咸味可口。烤制好的大面包，夏季可存放一周，冬季可存放一个月左右。

10、松树籽

（松树塔）

松树籽（松树塔的可食用部分）大兴安岭特产，能像瓜子、花生一样食用的绿色产品。

松树籽的使用历史悠久，属无污染的高级有机绿色食品，据有关资料显示，松树籽的含油率高达78%，蛋白质14.8%，并含有多种维生素，是很有价值的保健食品，松树籽中富含蛋白质，碳水化合物，内含丰富的维生素A和E及人体所需的脂肪酸，油酸，亚麻酸，还有其它植物中所没有的皮诺敛酸，松树籽的皮（可食用）含钙量非常的高，经常食用可预防心脏病，降低血脂，软化血管，还具有防癌，抗癌之作用，并有滋颜美容之功能。

11、稠李子

别名稠梨，为蔷薇科稠李属植物。稠李为落叶乔木，高可达13米，花5-6月份，果熟期8-9月份。稠李喜湿润肥沃的土壤，常沿河边、河谷生长。稠李花白色，具有清香，总状花序，后叶开放。稠李果可食，成熟的果实为黑色，果实含有33%的干物质，含糖量16%，含果胶量0.17%，含胡萝卜素10.4毫克%，并含有丰富的维生素C。果肉含汁量多，口感酸甜，在8月上旬成熟。

海拉尔区

海拉尔区位于内蒙古自治区东北中部，是呼伦贝尔市政治、经济、文化中心，有"草原明珠"之称。海拉尔因海拉尔河而得名，蒙古语意为"野韭菜"

海拉尔区是一个多民族聚居的地区，生活着汉、蒙、回、满、朝鲜、鄂温克、鄂伦春、达斡尔等26个民族。海拉尔区辖1个镇，7个街道办事处，17个村民委员会，55个社区委员会。总面积1440平方公里，总人口25.6万人。

海拉尔区特色餐饮

1、乳产品
海拉尔的奶油、奶酪、奶粉以及雪糕冷饮等乳制品加工精细，营养丰富；

（干吃奶贝）
2、肉产品
牛羊肉产品色泽诱人，鲜嫩味美，是纯天然无污染的"绿色食品"。

手把肉
手把肉是蒙古、鄂温克、达斡尔、鄂伦春等游牧、狩猎民族千百年来的传统食品，有用手把着吃肉之意。主要有牛、羊等牲畜及野兽（如狍子）的肉，都可以用来制作手把肉。游客来到草原观光旅游一定要吃一顿手把肉才不虚此行。
制作方法是：按关节将羊肉带骨剁成数十块放入白水锅内，不加盐及任何作料，用大火烧煮，使肉保持原汁原味。肉一变色，即捞出装盘，这样的羊肉鲜而不腻，令人百吃不厌。

一、海拉尔区的菌类及山野菜系列
海拉尔最著名的食用菌是白蘑，产量较少，但营养极为丰富，是菌类中的极品。外地游客来到草原，都希望能够品尝到白蘑。

还有蕨菜、黄花菜等多种山野菜，富含人体所需许多营养成分，是草原著名特产。
二、海拉尔的特色餐饮以蒙古族饮食为主，蒙古族的饮食结构为肉食、粮食、奶食三类并用。炒米、面食、奶茶、手扒肉，构成了草原牧民的餐饮特色。在海拉尔各大宾馆饭店您不仅可尽享民族风味餐，也可吃到全国各地的美味佳肴，及俄式大餐。

呼伦贝尔文化博览丛书

这是一道由白蘑为主要原料的菜品，口感鲜爽，营养丰富。

涮羊肉

　　也称涮锅子，是风行呼伦贝尔的一种食肉方式。因呼伦贝尔草原无化学污染，水草丰美，这里的羊肉具有色泽鲜艳、高蛋白、低脂肪、肉质鲜美、口感细嫩、多汁味美、无膻味的特点，是涮锅子的上等原料。涮羊肉的火锅有很多种，有铜制、铁制、不锈钢锅、瓷锅等等。涮羊肉的三大主料有羊肉、锅底、调味料。调味料中又以产自呼伦贝尔大草原的野生韭菜花最为地道，是不可缺少的一味调料。

整羊席

　　整羊席是海拉尔地区款待贵宾及盛大节日宴会上贵重的名佳菜。色、香、味、形俱佳，别有风味，因宴席是用整只羊做成而得名。整羊席的吃法是：上席时将整羊平卧于一大木盘中，羊脖上系一红绸带以示隆重。端入餐桌让宾客观看后回厨房改刀，按羊体结构顺序摆好，主人先将羊头皮划成几小块，首先献给席上最尊贵的客人或长者，然后将羊头撤走；再把羊的后背完整地割下来，在羊背上划一下，再从两边割下一块一块的肉逐个分送给客人，最后请客人随便割着吃，吃时蘸兑好的适口调味料。

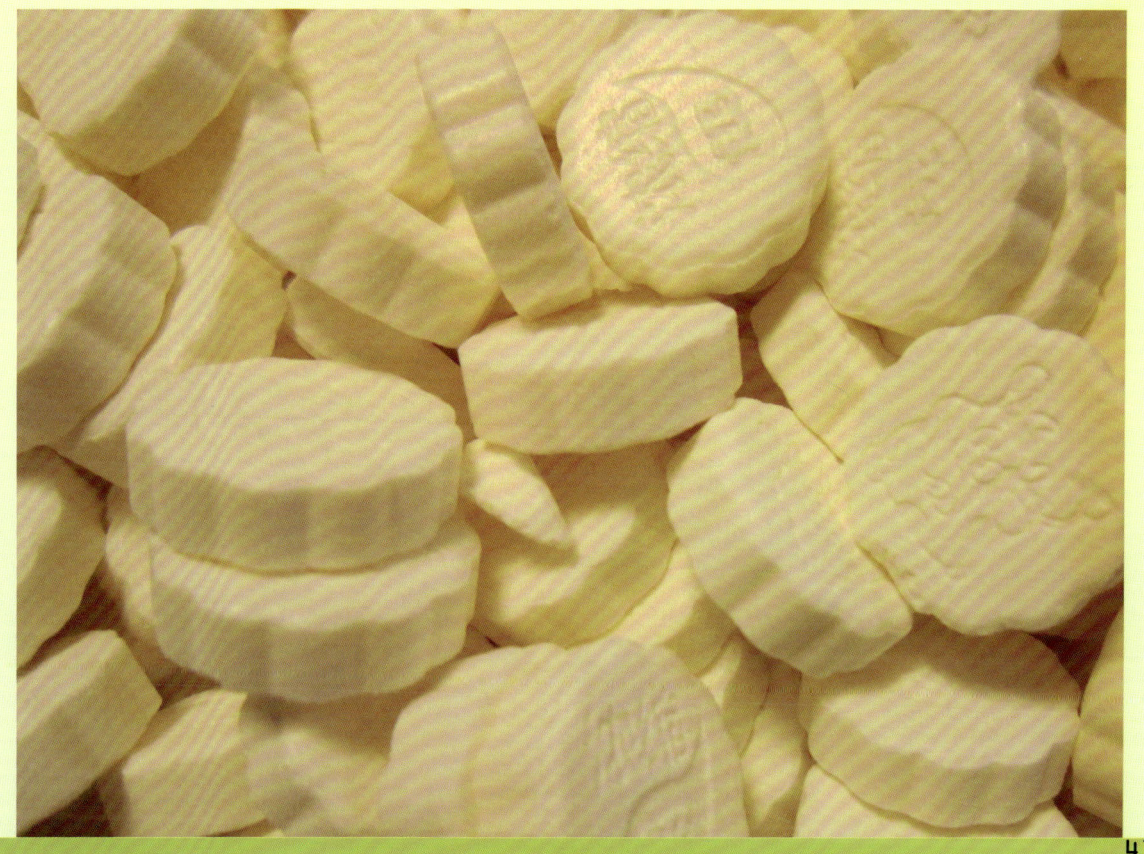

烤羊腿

海拉尔的烤羊腿风味独特，鲜香可口。

做法：主料：嫩羊腿1只
配料：生菜、装饰果品
作料：孜然粉、辣椒面、花椒面、葱花、香油、姜片、盐、红油、熟芝麻、洋葱丁、香料包（迷迭香草、花椒、八角、白豆蔻、桂皮、丁香、山奈、小茴香、香叶）、卤水、色拉油。

羊腿放入清水中浸泡12小时，浸出血水，在羊腿内侧划一字刀，入沸水锅中烧开氽去血水，捞出控水

备用。锅中放入卤水、香料包大火烧开，放入羊腿，转小火卤2个小时，捞出晾凉。将卤好的羊腿用100克孜然粉、100克辣椒面、10克盐抹匀，刷红油，入三成热油温中炸至色泽金黄，捞出控油。锅留底油30克，五成热时，将姜片、葱末爆香，放入剩余孜然粉、辣椒面、花椒面炒香，倒在羊腿上，撒上熟芝麻、葱花、洋葱丁，淋香油，出锅摆放成型即可。

海拉尔西餐：

海拉尔不仅有闻名于世的蒙古族特色餐饮，还有美味诱人的西餐。其中的黑胡椒T骨牛扒、俄罗斯鱼子酱、莫斯科红菜汤、意大利匹萨等菜都是用呼伦贝尔产的优质牛肉、乳酪、鱼子酱等烹制而成，更具特色。

黑胡椒剔骨牛扒

醇厚的黑椒汁配上香嫩多汁的呼伦贝尔牛扒，用铁板大火煎熟，将浓郁的黑椒味和牛肉的鲜嫩演绎到了极致。此外，牛肉中所含的人体所需的营养元素是最多最丰富的。

意大利匹萨

这是一款由特殊的饼底、乳酪、酱汁和馅料制成，具有浓郁的意大利风味。意大利匹萨中的饼底含有足够的碳水化合物。蔬菜则含有丰富的纤维素和维生素。最具特色的属奶酪，因为奶酪本身就被誉为乳品中的黄金，而呼伦贝尔产的奶酪更是乳品中的极品，含有丰富的钙与维生素。

莫斯科红菜汤

　　精选牛肉与新鲜的蕃茄、土豆、西芹、胡萝卜、洋葱等蔬菜，用蕃茄酱文火炖制而成，口感酸甜、醇厚。

俄罗斯开胃鱼子酱

　　这是一道冷菜，营养丰富；用俄罗斯红鱼籽配上酥香的千层酥饼底，调以蛋黄、酱汁及金枪鱼肉，口感咸、香、甜、酥。

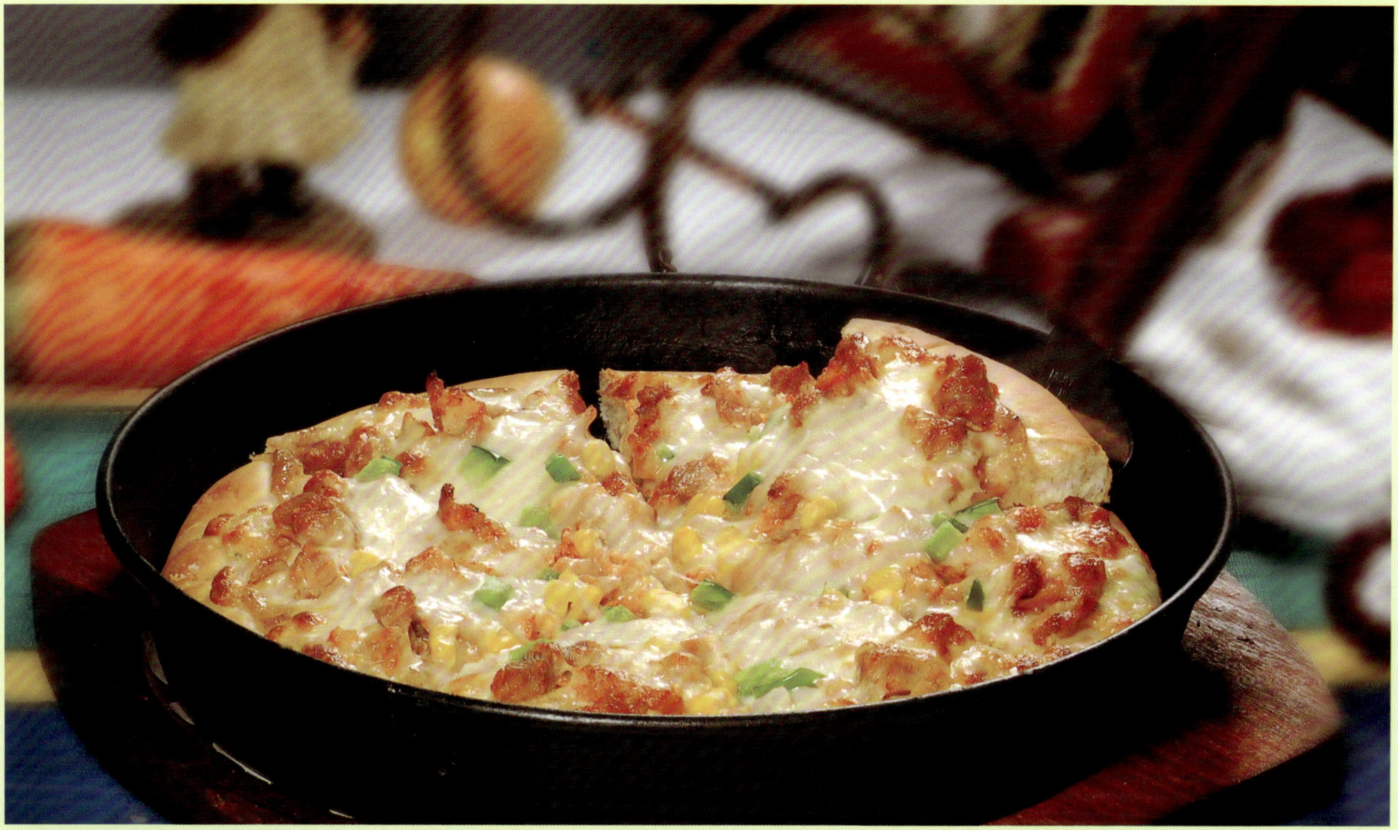

满洲里市

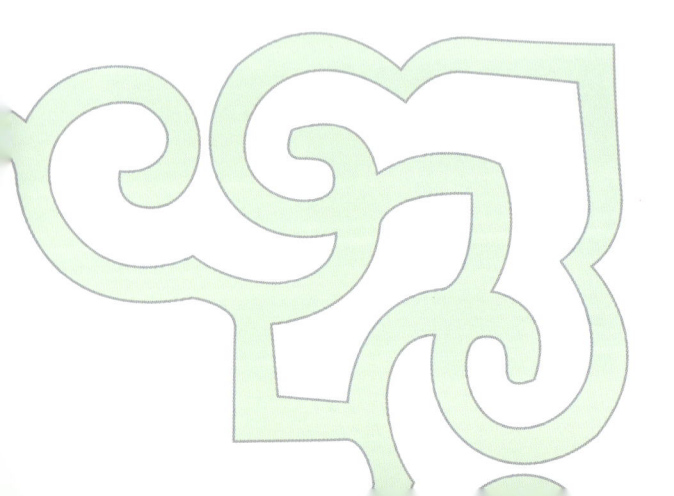

满洲里原称"霍勒津布拉格",蒙语意为"旺盛的泉水"。俄语为"满洲里哑",音译为汉语变成了"满洲里"。

满洲里市位于内蒙古呼伦贝尔大草原的腹地,东依大兴安岭,南濒呼伦湖,西邻蒙古国,北接俄罗斯,是我国最大的沿边陆路口岸。全市总面积730平方公里。气候属于温带半干旱大陆性气候。满洲里市总人口26万,居住着蒙、汉、回、朝鲜、鄂温克、鄂伦春、俄罗斯等20多个民族,是一座融美丽风情、中西文化、中俄蒙三国风情于一体,独领中俄蒙三国口岸城市,素有"东亚之窗"的美誉。

满洲里市的旅游资源得天独厚,魅力无穷,被誉为"北疆明珠"。这里有绿草如茵的草原、碧波荡漾的呼伦湖、巍峨耸立的国门,令海内外游人心驰神往。

满洲里最有名的菜品为"全鱼宴"。有名扬天下的"鲤跳龙门"、"二龙戏珠"、"鲤鱼三献"等名贵鱼菜。

除此之外,满洲里还有俄罗斯西餐菜品。

俄式西餐菜品简介

俄式西餐是满洲里市独具特色的餐饮，特点是酸、冷、汤，烹调方法以烤、熏、腌为主。主要菜品有以下几种：

1、俄式红菜汤：

又称苏伯汤，是俄罗斯传统菜肴。由白菜、萝卜、土豆、牛腩肉、西红柿、甜菜、苏泊叶等材料熬制而成，是俄式西餐中热菜的代表菜肴。

2、俄式酸黄瓜：

俄式酸黄瓜是俄式西餐中凉菜的必备菜肴。由特殊的小黄瓜、青椒、茴香、食盐腌制而成，酸脆清口，有解油腻、助消化的功效。

3、奶饼鱼子酱：

在俄罗斯，无论是美味杂陈的官方宴会，还是精致温馨的家庭小聚，鱼子酱和奶饼总是餐桌上必不可少的主角。红的是鲑鱼子，黑的是鲟鱼子，粒大、透明的黑鱼子酱是鱼品中的上品。鱼子酱蛋白质和矿物质含量很高，且不含胆固醇，是补身养颜的最佳食品。俄罗斯的奶饼营养价值高，制法考究，味道醇美。对于俄罗斯人来说，吃上一片抹黑鱼子酱和黄油的奶饼是难得的享受。

呼伦贝尔文化博览丛书

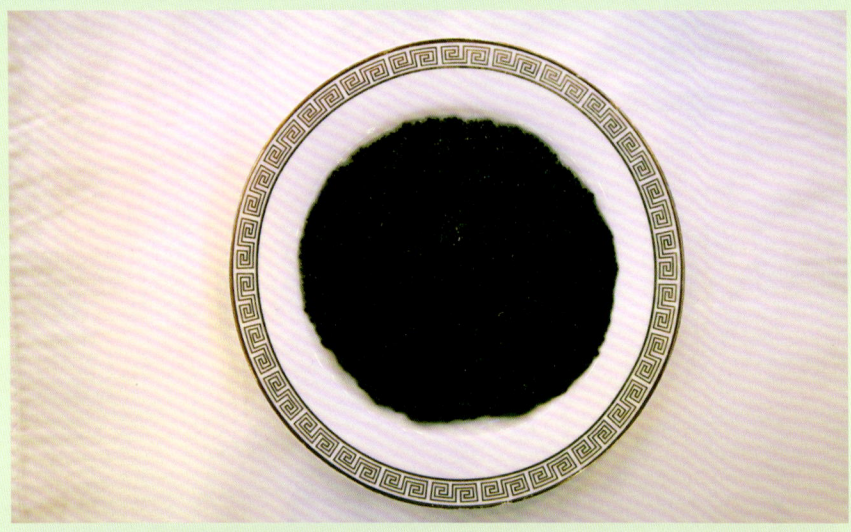

50

4、俄式烤乳猪：

烤乳猪是俄式大餐中的巅峰之作。烤乳猪是贵族化餐饮的代表。乳猪是一种专门喂养的特殊猪类，要求其成长到大约70公分、体重在4—5公斤左右就不再继续长大。烤乳猪的制做工艺复杂繁琐，烤制前要在乳猪腹中填满苹果及各种调味品腌制3-6小时后才能开始烤制。味道鲜嫩、外皮软糯并有美容功效。

5、俄式烤鸡：

俄式烤鸡选用精选肉鸡，制作前在鸡腹中放入猪肉馅、苹果等各种调料腌制并冷藏3—6小时后在烤炉中烤制3小时以上才能出炉。外皮香脆、肉质软嫩，并带有淡淡的果香，是俄式大餐中的上等菜肴。

6、烤鲟鱼：

鲟鱼是珍贵的淡水鱼，其肉无肌间刺，是营养价值很高的菜品。俄式烤鲟鱼要求鲟鱼在2—2.5公斤左右腌制后上烤炉烤制45分钟左右方可出炉。色泽银白、鲜美独特、营养丰富，是俄式西餐的高档菜肴。

7、黑椒牛排：

　　黑椒牛排是俄式西餐压轴的热菜。黑椒牛排的特点：一是牛肉的选料必须要求是牛里脊部位，口感软嫩；二是必须用俄罗斯产的黑胡椒粉和碎黑胡椒参杂腌制3小时以上才能煎制，出锅后最好即刻享用才能体验到正宗的黑椒牛排的美味。

8、俄罗斯红肠

牙克石市

牙克石市位于呼伦贝尔市中部，南邻扎兰屯市，北接根河市，东与鄂伦春旗、阿荣旗为邻，西与额尔古纳市、陈巴尔虎旗、海拉尔区及鄂温克旗交界。总面积27590平方公里。牙克石市辖12个镇：牧原镇、乌尔其汉镇、煤田镇、库都尔镇、图里河镇、伊图里河镇、免渡河镇、乌奴尔镇、博克图镇、巴林镇、绰源镇、塔尔气镇。6个街道办事处：胜利、红旗、新工、永兴、建设、暖泉。

牙克石市属寒温带和中温带大陆性季风气候，冬季寒冷漫长，夏季温凉短促，春季干旱多风，秋季降温极昼，霜冻早。在寒冷的冰雪季节，浩如烟海的森林、山峦、旷野，都披着厚厚的银装，无边无际的林海雪原，成为天地一色的冰雪世界，到处都是冰雕玉琢、银光闪闪的景物。

牙克石市自然资源十分丰富，宛如一座天然森林公园。牙克石市有许多野生植物和动物资源，比如北国红豆（"雅各达"）、越桔（"嘟柿"）、山丁子、稠李子、白桦林、野百合、苦梅菜花（"婆婆丁"）等野果和山野菜，驼鹿、鸳鸯等野山珍。花鹿、白狐、紫貂、雪兔、银鼠、兴安飞龙、黑熊、野鸡、灰鼠、马鹿、袍子等野生动物，蘑菇、木耳、猴头、金针菜、蕨菜是家用牙克石自产果酒，用红豆和越桔酿成的果酒是牙克石家逢年过节和馈赠亲友的必备美酒。牙克石还用鲜牛奶制作各种奶制品，有奶干、黄油、奶皮子、奶豆腐等，也是馈赠亲友的佳品。

牙克石市特色餐饮

两吃山珍

菜品特点：本菜品采用黄花菜和蕨菜为主原料精心烹制而成，两菜同时食用更起其滋补的作用。黄花菜为百合科植物，原名叫萱草，古称"忘忧草"据《中国山野菜食谱》介绍黄花菜有较好的健脑、抗衰老功效，同时能清除动脉内的沉积物，对注意力不集中、记忆力减退、脑动脉阻塞等症状有特殊疗效，故人们称之为"健脑菜"。蕨菜别名又叫龙头菜、如意菜等，被称之为山菜之王，蕨菜属于凤尾蕨科，喜欢生于两山相接的土层肥沃、水分充足的沟塘山坡、内蒙古大兴安岭北坡生长的蕨菜品质优良，一般株长高达1-2米。

黄花菜
做　法：清溜。色泽金黄。
口　感：香味浓郁、食之清香、鲜嫩、爽滑，实乃"席上珍品"。

蕨　菜
做　法：选用长度20-30cm后呈三叉状柄果鲜嫩，上枝白色绒毛，清炒而成。
口　感：滑润，味道清香鲜美。

酥炸柳蒿芽丸子

　　林城特色小吃，柳蒿芽是一种生长高寒地区特色植物，可入药，具有清热去火，排毒养颜的功效，也是一种大兴安岭地区人民餐桌上常见的一种野生食品。

　　做　法：精选嫩芽经过十余道工序小火慢炸制而成。

　　口　感：品味清香爽口，回味悠长。

兴安岭野生鲜蘑

菜品特点：为菌类食品，含蛋白质、脂肪、碳水化合物、多种氨基酸、多种维生素、多种微量元素及多糖类等。尚含非特异性植物凝集素。对金黄色葡萄球菌、伤寒杆菌、大肠杆菌有抑制作用，并有降低血糖，降低血中胆固醇，防治高血压和心血管病之功。蘑菇浸出液有较强抗癌作用。有丰富的维生素，维生素含量是苹果的2倍，黄瓜的3.8倍，经常食用具有调节人体新陈代谢、生理平衡、恢复机体免疫力的功效。同时可补脾益气、理气化痰、开胃解毒。对传染性肝炎、白血球减少症、维生素B$_2$缺乏症、粒细胞缺乏症有疗效。

做　法：采用大兴安岭深处纯生态无污染的新鲜野生鲜菇为主要原料，不加任何人工香料取其原味精心烹制而成。

口　感：鲜滑软嫩、咸鲜清香，清新爽脆。

扎兰屯市位于内蒙古自治区呼伦贝尔市东南端,大兴安岭东麓,东邻甘南、龙江二县,西连鄂伦春旗,南接兴安盟的阿荣旗和扎兰屯市北携牙克石市,南与兴安盟的扎赉特旗和黑龙江省的龙江县连接。全市总面积1.69万平方公里,辖9个乡镇,6个街道办事处,总人口45万人,其中市区人口16万人,由蒙古、汉、达斡尔、鄂伦春、鄂温克等20个民族构成。属温带半湿润大陆性季风气候。

扎兰屯市拥有耕地260万亩,草场419.2万亩,森林46万公顷,野生动植物近千余种。扎兰屯市畜牧业以野猪、袍子、鹿、狐、林蛙、黑木耳、榛子等特种养殖为支撑。扎兰屯市林果业已初具规模。扎兰屯市是我国重要的商品粮基地,生产玉米、水稻、大豆、甜菜、葵花、马铃薯、杂粮等优质农产品。

扎兰屯市

扎兰屯市特色餐饮

扎兰屯市的餐饮以农家菜为主，以下将为大家介绍一下特色农家菜。

（一）小笨鸡炖蘑菇

小笨鸡炖蘑菇：宰好的当地小笨鸡切成碎块，放入汤锅，同时加入葱段、姜片等调料。汤开锅后再将鲜榛蘑（发好的陈榛蘑也可）洗净放入汤锅，炖熟即可。炖出的蘑菇滑嫩松软，鸡块烂熟可口，为民间传统招待贵宾名菜。此外小笨鸡炖粉条、小笨鸡炖土豆都为大众佳肴。

配料：农村小笨鸡、野生山榛蘑、农村手工粉条、葱段等调料。

功效：农村小笨鸡都是山上放养的笨鸡；野生山榛蘑是中国东北特有的山珍，是极少数不能人工培育的菌类之一。榛蘑还含有人体必需的多种氨基酸和维生素，经常食用可加强机体免疫力、防止皮肤干燥，对预防视力减退、夜盲也很有效果，如果经常坐在电脑前工作，多吃榛蘑，对眼睛视力保护很有帮助。

（二）农家杀猪烩菜

农家杀猪菜　农家杀猪菜为农家过年杀猪成菜移植过来。腌渍好的酸菜切成细丝，入锅用大骨头汤慢火炖。五花三层腰盘肉切成三寸长的薄片，煮至八分熟，用筷子穿透即可，装盘备用。猪肚、猪腰子、拆骨肉装盘备用。酸菜加入粉条，慢火炖熟后上桌。边吃边不停加入五花三层腰盘肉、猪肚、猪腰子及切成寸段的用猪直肠灌制的血肠，随吃随添。酸菜清脆适口，粉条滑嫩细腻，血肠柔软松嫩，五花三层腰盘肉鲜美不腻，为长年性地方风味小吃。

配料：五花肉、鲜猪血、自制血肠、猪明肠、自制酸菜、白豆腐、猪油、姜、盐、葱、花椒面、酱油、辣椒面等调料。

特点：肉嫩汤鲜，肥而不腻，滑、嫩、解馋，具有浓郁的东北乡村特色。

（三）鲶鱼炖茄子

山鲶鱼炖茄子：山鲶鱼洗净，入勺烹汤，加入花椒、桂皮、鲜姜、葱、蒜等调料，置放文火中煨炖，开后将撕成块的茄子入锅再炖。熟后辅以味精、香菜。鱼味清香，茄子软嫩，鱼香入茄，鲜美异常，为民间佳肴，民间素有"山鲶鱼炖茄子，撑死老爷子"的美誉。还可以做山鲶鱼炖豆腐，豆腐清香，鱼味鲜美，也很受欢迎。

配料：鲶鱼、茄子、猪五花肉、香菜、姜丝、葱段、蒜瓣、白糖、黄豆酱、麻椒、料酒、醋、酱油等调料。

功效：鲶鱼性温、味甘，归胃、膀胱经；具有补气、滋阴、开胃等功效；茄子味甘、性凉，入脾、胃、大肠经；具有清热止血，消肿止痛的功效。茄子是为数不多的紫色蔬菜，也是餐桌上十分常见的家常蔬菜，它的紫皮中含有丰富的维生素E和维生素B，这是其它蔬菜所不能比的，维生素B可软化微细血管，防止小血管出血，对高血压、动脉硬化、咯血及坏血病患者均有益。茄子中所含的维生素C和皂草甙,具有降低胆固醇的功效。

（四）刺老芽炒笨鸡蛋

配料：鲜刺老芽、笨鸡蛋、葱花等调料。

刺老芽：生长在东北山区的一种大灌木—龙牙德木的嫩芽。它富含16种氨基酸和22种微量元素，其中人体必需的钙、锰、铁、镍、铜、锗等含量比人参还高，又具药用价值，对腹泻、痢疾有一定的疗效。刺老牙从春季到夏初均可采摘，但以春末季节嫩叶蜷曲未伸展时为佳。刺老芽除清炒、做汤、凉拌做拼盘外，还可以用开水焯熟后加盐腌起来，留到冬天慢慢食用。

（五）三烀一炸

配料：玉米、茄子、土豆、鸡蛋酱、辣椒、葱段等调料。

三烀一炸："三烀"指烀鲜嫩的玉米棒、烀土豆、烀茄子；"一炸"指炸鸡蛋辣椒酱（俗称鸡蛋焖子）。鲜玉米棒、土豆、茄子烀熟后分别用盘上桌，鲜玉米棒可直接啃食，土豆、茄子蘸酱或拌酱食用。鲜玉米棒鲜嫩爽口，风味独特，营养价值高；烀土豆鲜软滑嫩，烀茄子松软细腻。原材料采用东北农家物产，无污染，为纯绿色食品，鲜、香、嫩，适口，是东北农家特色风味。

（六）五香蚕蛹

五香蚕蛹：蚕蛹为本地特产，每到秋末冬初上市。将蚕蛹用味汁浸腌后，放入油锅炸至黑亮、饱满装盘即可，松软嫩爽，香味独特。蚕蛹还有很多种吃法，如红焖蚕蛹、红烧蚕蛹、干炸蚕蛹等，柔嫩如豆腐，吃之如蟹黄，味道鲜美，成为本市时令之珍馐。

原料：鲜蚕蛹、料酒、美极酱油、葱花、姜末、鸡粉、盐、糖、花生油等调料。

功效：蚕，可谓全身都是宝，蚕丝、蚕沙、蚕蜕、蚕蛹都能完全为人所用。蚕蛹含有丰富的蛋白质和维生素、脂肪、矿物质等营养物质，素有"七个蚕蛹一个蛋"的说法。据说蚕蛹作为菜肴食之已有1400多年的历史，研究亦指出在日常饮食中若适当增加如蚕蛹这类可食性昆虫，能弥补普通食品中营养不全的缺陷。

（七）炸五香泥鳅

炸五香泥鳅：洗净的泥鳅装在盆内，炒勺放入盐、花椒、小茴香、姜、料酒，用少量水烧开，倒入鱼盆内，腌渍2-3小时，控干捞出，将淀粉、面粉加盐搅成糊状，放入鱼盆同鱼搅均，再放入油锅，炸成金黄色捞出即可。炸五香泥鳅皮酥里嫩，柔软清香。

原料：新鲜泥鳅、盐、花椒、小茴香、姜、料酒等调料。

功效：泥鳅补益脾肾；利水；解毒。主脾虚泻痢；热病口渴；消渴等。

（八）手撕羊腿

原料：蒙古羊腿、蒜泥、酱油等调料。

功效：羊肉性温热、补气滋阴、暖中补虚、开胃健力，在《本草纲目》被称为补元阳益血气的温热补品。

（九）蘸酱菜

原料：黄瓜、蒲公英、白菜生菜、生刺老芽、香菜、水萝卜、尖椒、小葱等蔬菜、黄豆酱等。

功效：蒲公英又名婆婆丁，《本草纲目》记载："蒲公英至贱而有大功，惜世人不知用之"。近来研究证明，蒲公英有良好的消炎、抗感染作用，对肺癌有一定的防治作用。

刺嫩芽不仅是美味也是药膳，据前苏联报道，刺嫩芽对心脏病、老年痴呆症和神经衰弱综合症的防治有类似人参的效果。

常言道：白菜萝卜人人爱，百天不吃病歪歪。白菜和萝卜含有多种人体所需要的维生素和微量元素，有良好的脱毒作用，是任何蔬菜所不能取代的。

（十）攥汤子（酸汤子）

攥汤子：玉米浸泡后磨成面，经发酵后形成汤子面。汤子面搅拌均匀后，取出约五分之一开水烫面，烫好的汤子面为芡面，进行打芡，将汤子面和好揉匀。待锅内水开时，手中握好攥汤子套，再将和好的汤子面揉成团状，握在手中加力向外挤压，通过攥汤子套形成均匀的条状入锅，两开后即可捞出入碗，加入适量汤水，即可趁热食用。食用时拌入炸酱，也有拌入白糖者。攥汤子细腻滑嫩，柔软适口而又有筋道，属粗粮细作之佳品。

原料：玉米、葱花、肉丝、海米、蘑菇、油盐等调料。

功效：爽口、调胃、营养丰富，有通脾健胃、消乏解渴之功。

（十一）玉米面菜团子

　　玉米面菜团子：优质玉米磨成玉米粉即玉米面，烫面揉均备用。馅分多种，有酸菜馅、猪肉白菜馅、牛肉大葱馅、野菜（四叶菜、苣荬菜等）等，尤以猪肉酸菜为正宗。和好的玉米面揉成饼状，包入选择好的菜馅，入屉猛蒸15分钟即可出锅。玉米面菜团子面皮粗糙而爽口，玉米面味清溢口，猪肉酸菜馅微酸而清脆，满口余香，为传统农家小吃。

　　原料：玉米面、葱花、肉丝、野菜、油盐等调料。

　　功效：爽口、调胃、营养丰富，有通脾健胃、消乏解渴之功。

根河，是蒙语"葛根高勒"的谐音，意为"清澈透明的河"。根河市位于呼伦贝尔市的北部，是内蒙古自治区最北部的旗市之一。根河市地处呼伦贝尔市东北部，大兴安岭北段西坡，东部与鄂伦春自治旗为邻，西与额尔古纳市接壤，南连牙克石市，北接黑龙江省漠河县、塔河县。根河市总面积20012平方公里，平均海拔在1000米以上。全市辖3个街道、3个镇、1个民族乡，分别为：河东街道、河西街道、森工路街道、金河镇、阿龙山镇、满归镇、敖鲁古雅鄂温克民族乡。

根河市主要树种有：兴安落叶松、樟子松、白桦、山杨等181种；

野果资源近30种，主要有：越橘红豆、笃斯、稠李子、山荆子、越桔、水葡萄、东方草莓等野生浆果；

药用植物有：金莲花、白头翁、黄芪、沙参、杜香、龙胆、兴安灵芝、赤芍、元胡等野生中草药200多种；

有猴头蘑、灵芝、木耳、针蘑等各种食用菌、药用菌114种；

有蕨菜、四叶菜（沙参）、黄花菜（金针菜）、百合、芍药、柳蒿芽等野菜20多种；

野生动物300余种，列入国家重点保护的动物60余种，主要有：驯鹿、雪兔、棕熊、猞猁、赤狐、松鼠、野猪、马鹿、黑熊、野鸡、榛鸡、泥沙鸭、白鹤、飞龙、驼鹿（犴达犴）、雪兔、水獭、猞猁等珍禽野兽等；

丰富的野生动植物，使根河成为了植物的王国、动物的王国；成为了被联合国命名的生态自然保护区。

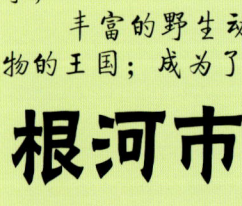

根河市

根河市特色美食

一、干炸细鳞鱼

干炸细鳞鱼。细鳞鱼，隶属鲑科细鳞属，上颌骨后延不及眼的后缘。我国产1种。冷水性鱼类，栖息于山溪水温较低、水质清澈的流水，冬季在支流的深潭或大江中越冬。雌性个体4-6龄成熟，雄性个体早熟于雌性。初春解冻时即上溯产卵洄游。肉食性鱼类，在大马哈鱼生殖季节也吞食其卵。细鳞鱼是国家二级保护水生野生动物，在鱼类学和动物地理学上具有重要的学术研究价值。肉质细嫩，无肌间刺，味道鲜美，有防止血栓，加快伤口愈合之功能，亦称脑黄金，具有很高的营养价值。宋代即为朝廷贡品。

二、滑溜狍子肉

狍子肉串

烤狍子排

　　滑溜袍子肉、狍子肉干、烤狍子排。狍子，又称矮鹿、野羊,属偶蹄目鹿科，草食动物。狍身草黄色，尾根下有白毛,雄狍有角，雌无角。狍是经济价值比较高的兽类之一，狍肉质纯瘦，全身无肥膘，肉营养丰富、细嫩鲜美，是瘦肉之王。肝、肾等均可食,有温暖脾胃、强心润肺、利湿、壮阳及延年益寿之功能。

三、驯鹿肉干

驯鹿肉串

驯鹿肉干、驯鹿肉串。驯鹿，又名角鹿。是鹿科驯鹿属下的唯一一种动物。雌雄皆有角，角的分枝繁复是其外观上的重要特征。驯鹿主要分布于北半球的环北极地区，包括在欧亚大陆和北美洲北部及一些大型岛屿。在中国驯鹿只见于大兴安岭东北部林区。中国鄂温克族使用驯鹿作为交通工具。驯鹿肉不仅味美，而且脂肪少，蛋白质含量高，具有很高的营养价值和滋补功效。在漫长的历史中，拉普人摸索出种类繁多的鹿肉烹饪和食用方法，包括慢炖、爆炒、烤制、炭烧、热熏、冷熏和风干等，其中最著名的是爆炒、冷熏和风干。

爆炒驯鹿肉是著名的驯鹿肉菜肴之一，虽然知名度高，但做法简单，普通家庭就能烹制。通常的做法是，将冷冻过的鹿肉切成极薄的肉片，就像中国人涮火锅用的羊肉片一样，然后放在驯鹿油或黄油、植物油中爆炒，加上适量的盐、黑胡椒和洋葱，也可放一两把当地出产的野生鸡油菌一同翻炒。然后，烹入一些啤酒就可以出锅了。爆炒鹿肉一般配上土豆泥、云莓或越橘果酱及腌制的甜菜头或酸黄瓜食用。冷熏驯鹿肉的制作方法是：先将驯鹿肉用盐腌渍入味，然后挂在专用的冷熏房或冷熏柜中熏制，熏制过程需要一个月左右的时间。熏制好的驯鹿肉大多切成薄片食用，口感柔润、鲜美。冷熏驯鹿肉的食用方法从最简单的夹三明治、拌沙拉到较复杂的浓汤和比萨饼等，花样繁多，口味各异。最具特色的是冷熏鹿肉奶酪汤，一般以冷熏鹿肉、奥拉奶酪（芬兰出产的一种奶酪）、土豆和洋葱等为原料，以文火熬制而成，加黑胡椒调味。

冷熏鹿肉奶酪汤不仅风味独特，营养丰富，而且能驱寒暖胃。特别是在北极严寒的冬季，一碗热气腾腾的冷熏鹿肉奶酪汤，配上几片芬兰特有的黑麦面包，就是一顿可满足人们口腹之欲的美餐。

风干驯鹿肉也极具北国特色。制作过程需要两个月左右。驯鹿臀部的肉是制作风干肉的最佳选择。腌制前首先要切除鹿肉中的脂肪和肌腱，再将鹿肉切成手掌大的块，滚上海盐，放在冰箱内腌渍24至36小时，使其入味并去除一些水分，然后悬挂风干6至8周的时间。

风干驯鹿肉可切片即食或用于做汤等。最具特色的当属用风干驯鹿肉、胡萝卜、大米、鲜奶油、面粉和黑胡椒等制作的鹿肉汤。做这道汤要先将肉干放在水中浸泡24小时，然后沥干水分，放入锅中煮至熟烂，将煮好的鹿肉捞出并切成小块备用；将大米放在肉汤中煮10分钟，再放入切碎的胡萝卜和土豆，煮至软烂；将面粉放入鲜奶油调匀，倒入汤中勾芡；最后放入煮熟的鹿肉块和调味料，一锅香气扑鼻，令人食欲大开的鹿肉浓汤就大功告成了。

倘若有幸踏上根河这片神秘而迷人的土地，在享受敖鲁古雅使鹿部落独特的民俗文化，体验当地独特的风土人情的同时，和淳朴好客的鄂温克族人一起品尝著名的野味——驯鹿肉，那将是一种难得的人生经历和享受。

四、烤列巴

烤列巴。"列巴"是俄文译音，是俄语里面的大面包，它是极富特色的欧式食品。在哈尔滨，很多食品的名称都沿用了俄文译名，小的俄式面包叫"沙克"，面包干叫"苏克立"等等。大列巴个头很大，直径最大时可达1尺(33厘米)，重达三四千克，和半个篮球差不多大小，外壳硬硬的，其味道是甜中有酸，外焦里软。吃的时候要切片就着黄油、苏泊汤才有味道。

大列巴是以面粉、酒花、食盐为主要原料。俄罗斯族传统的加工方法是以酒花酵母发酵好的面团，加入适量的盐，放在很大的立式烤炉里用东北森林里的椴木或桦木等硬杂木烤制。在敖鲁古雅使鹿部落，猎民用驯鹿奶制做的列巴更加酥脆暄软，咸味可口。烤制好的大面包，夏季可存放一周，冬季可存放一个月左右。

五、烤野猪肉

烤野猪肉。野猪，又称山猪，猪属动物。它们广为分布在世界上，不过由于人类猎杀与生存环境空间急剧减缩等因素，数量已急剧减少，并已经被许多国家列为濒危物种。野猪是杂食性的，只要能吃的东西都吃。野猪不仅与家猪外貌极为不同，成长速度也远比家猪慢得多，体重亦较轻。特种野猪肉质鲜嫩香醇、野味浓郁、瘦肉率高、脂肪含量低（仅为家猪的50%），营养丰富，含有17种氨基酸和多种微量元素，亚油酸含量比家猪高2.5倍。亚油酸是科学界公认的人体唯一最重要和必需的脂肪酸，它对人体的生长发育有着极为重要的意义，尤其对于冠心病和脑血管疾病的防治有着独特的疗效。食用野猪皮可消除高度疲劳和小孩发育不良等症状，特别对人体代谢紊乱、生殖机能障碍等疾病疗效显著。经最新研究表明，野猪肉里含有抗癌物质锌和硒等，是一种理想的滋补保健肉类。野猪骨头还可制药。用野猪腿加工成的野猪火腿畅销国内外市场，其它分割下来胴体可进行真空包装，加工成野猪风味腊肉条、野猪肉香肠等。

六、笃斯

笃斯或称为都柿(dūshì)或笃柿，学名蓝莓（blueberry），笃斯越桔，是生长在大小兴安岭林区一带的杜鹃花科小灌木笃斯秧上的浆果，为根河的特产之一。笃斯秧多成片，称作笃斯甸子。果实形态呈紫色，粒如小樱桃一样大，熟时表皮挂一层白霜儿，望去一片瓦蓝。笃斯皮薄汁多，味酸甜非常可口，有一种同其它果品截然不同的味道，十分上口，令人着迷。当地人多习惯当野果食用。居住在大小兴安岭的人们，把笃斯采回后，经自然发酵，制成醇香甜美的笃斯酒。果酒厂，用笃斯为原料酿制而成的越桔酒，色泽紫红，清澈透明，酸甜适口，余香久存，风味独特，醇香宜人，营养丰富，健胃养神。笃斯可直接食用，是不可多得的野生果品。通常都是与白砂糖一起搅拌食用。也可以熬果汁、做果酱，或加糖储存或冷冻，留到冬天吃。

七、山丁子

别名：山丁子、山定子、林荆子。属科：蔷薇科、苹果属。山丁子味甘酸、性凉、无毒，能润、生津、利痰、健脾、解酒。山丁子的营养成分高于苹果。其中有机酸的含量超过苹果的1倍以上。果实成熟后可直接食用。也可在未熟软时以冰糖煮制或蒸制。山丁子是酿酒和调制纯绿色饮品的最佳原料，适用于加工果脯、蜜饯和清凉饮料。树皮可做染料。山丁子树还是果树的嫁接植物。

八、路基蘑

路基蘑 又名："铁道蘑"、"土包蘑"、"矿地蘑"。根河市特产之一。生长期：8月20-9月10日间，肉质细腻、味道鲜美、营养价值高，充满山野气息，尤以小小的蘑菇丁最为爽口。分布不广，产量较少。

额尔古纳市位于内蒙古自治区东北部，东邻大兴安岭，南接呼伦贝尔草原，设有黑山头、室韦两个国家一类口岸，面积2.84万平方公里，是新兴的边境口岸城市。额尔古纳市有耕地260万亩、草原600万亩，有驰名中外的优良畜种三河马和三河牛。额尔古纳市旅游资源丰富，具有"绿、白、情、野、史"五大特点。额尔古纳市森林覆盖率达70%，夏季神清气爽，冬季银装素裹，美不胜收。

额尔古纳市主要居住着回族、俄罗斯族、巴尔虎蒙古族和汉族等几大民族。下面主要介绍一下各个民族的主要特色饮食。

额尔古纳市

额尔古纳市特色美食

一、回族：

禁食血液：回族饮食禁忌之一。伊斯兰教视动物倾流出来的血液为污秽不洁之物，并在《古兰经》中明载禁食。故回民屠宰可做血肠出售，但不自食。

禁食猪肉：公元七世纪穆罕默德传布伊斯兰教时，把禁食猪肉作为教规，视猪肉为污秽不洁之物。

禁食猛禽猛兽：伊斯兰教不仅视猛禽猛兽及怪兽怪鱼为不洁之物，而且认为其性凶残、暴戾、性恶，人食后会移性，故严格禁止。

回族食清真食品，因伊斯兰教在我国历史上亦称清真教，故名。通常除清真菜系外，主要指清真蛋糕、月饼、饼干、芝麻酥饼、夹心面包、清真牛、羊、鸡、鱼肉罐头、肉干以及豆制品、奶制品、糖果及面食等。传统面点如油香、麻花、干粮馍、千层饼等，以炸、烙、烤、蒸见长，具有咸甜酥脆软、色泽分明等特点。

谷粉食品：最普遍的是面类，其种类很多（如冷面、汤面、炒面、浇汁面、肉末面、细面、豆淀粉面）。此外，还有饺子、馄饨、馒头、羊肉包子等。特色面食还有撒子和回民点心。

回族宴席：

在回族宴席中，先上四至八道干果碟子，再上八盘或十、十三、十五道热菜，且有不同的名称，如：十五月儿圆等。回族宴席以肉为主，讲究实惠。吃宴席有两种习惯：一种是边上菜边吃，吃完收盘；另一种是上一道菜，吃一道，收一道，最后一盘不收，待全桌人放下筷子收盘。

回族的主要特色餐饮有十大碗：

（炖牛肉）

(烩鱼块)　　　　　　　　　（炖羊肉）　　　　　　　　（羊胸口）

（烩鸡丝）

（白底汤）

（氽水丸）

（牛胸口）

（黄面丸子）

（银耳羹）

额尔古纳市俄罗斯民族俄式菜系

谈额尔古纳市俄罗斯民族俄式菜系，就不得不谈谈额尔古纳市俄罗斯民族的由来，从十八世纪至十九世纪初，大批俄罗斯人就越过额尔古纳河采金、或农耕、或畜牧等，随着俄罗斯人的涌入，既带来了较为先进的生产方式，也把各种民俗同时带了进来，餐饮习俗自然地融入了人们的生活当中。

因为当时额尔古纳的俄罗斯民族有多个民族成份，如高加索人、鞑靼人、哥萨克人、布利亚特人等，民族成份极为复杂。因此各种餐饮也不尽相同，通过上百年的融合，最后终于形成了现在的俄罗斯民族的饮食文化及菜系。

现有的俄式菜系，既有俄罗斯族的饮食特色，也结合了其他民族菜系的成份。根据笔者与新疆的俄罗斯族沟通得知，如苏泊汤的做法就完全不同，额尔古纳市的俄罗斯民族的做法是牛肉、酸菜、土豆加西红柿，而新疆的俄罗斯民族的做法是羊肉、酸菜、西红柿、不加土豆，其它菜也略有不同，这就说明一个民族菜系的形成，与其他民族、地域特色是有一定关系的。

经过我们认真调查，对额尔古纳市俄罗斯民族的俄式菜系、面点的原料、制作特点等，做以下简要介绍

额尔古纳地区的俄式菜肴面点

腌制类：
1、酸黄瓜（也有酸柿子、酸角瓜等）：腌制时配以大茴香、青蒜、盐、白糖等。
2、酸蘑菇：腌制时主要用大茴香、青蒜、盐等。
3、大头菜酸菜：腌制时配以胡萝卜、大茴香、盐。
4、猪肉沙拉。

冷菜类：
1、素沙拉：可以使各种蔬菜或水果制成。
2、香肠：嘎啦巴茨。
3、熏肉：猪肉熏制。
4、肉（皮、蹄）冻：哈罗杰茨。
5、土豆泥：因习惯不同吃法各异。
6、基斜里：用土豆粉和果酱白糖熬制，常配以米饭(嘎沙)食用。

（熏三拼——熏肠、熏肉、熏马哈鱼）　　　（黑椒牛排）　　　（蛋托马哈鱼鱼子酱）

热菜类：
1、酿青（尖）椒或其他蔬菜，如黄瓜、角瓜、蘑菇等。
2、鸡肉饼、牛肉饼、鱼肉饼：主料做馅伴以辅料煎制而成。
3、大头菜（白菜卷）俄语称嘎鲁普茨：用肉馅加蔬菜或米饭做馅、以菜叶卷之，煎熟或蒸熟，配以番茄酱食用。

（俄式菜卷）

烤制类：
可以烤制鸡、鸭、鱼、猪、牛、羊肉及其肉排，均用盐、胡椒粉等作料将主料腌制后，入烤炉或烤箱制成。

（肉饼土豆条）

另有烤火鸡、烤乳猪、烤鹅较为上乘的烤制食品，因原料难求，所以现在很少有人制作。

汤类：

汤在俄语中称苏泊，额尔古纳市常见做法，即牛羊猪等的肉汤加香叶（苏叶）、西红柿、土豆、大头菜等熬制，但原料上各有取舍。各家做法不尽相同。

面包系列：

俄式面包甜点、样式繁多，现仅就常见的罗列如下

大圆面包：布哈内卡

小圆面包：布罗基卡

长形面包：别托那

麻花型面包：别里乔内卡

黑面包：乔勒内赫列巴

小白面包：布鲁卡

大面包圈：巴兰卡

小面包圈：嘎啦其卡

夹馅面包：比洛可（可夹果酱、鱼、肉等馅料）

芰尼克：面包上涂以鸡蛋、油、白糖糊或土豆泥等烤制的面包。

饼类：
煎薄饼：比利那，鸡蛋、牛奶、面粉为原料煎制。
卡洛巴：用做面包或荞麦面单独发酵后煎制的饼。
其他类：
　布丁
饼干：比切尼
杂拌点心：比洛日涅
瓦哈里：用鸡蛋白糖、牛奶等和面，用专用模具在炭火上烤制的点心。
古力契：只在巴斯克节期间，用面粉、鸡蛋、白糖、奶油等原料，用专用模具烤制。
米嘎达：多层夹馅点心。

（俄式自制列巴——配米丹和自制野生蓝莓酱）

比利时：用肉馅、或羊心、肝、肺、大米饭或胡萝卜、大头菜等做馅制成的一种煎制食品(现多用油炸)，但也有将上述馅放入列巴面中入炉烤制的。

（肺子包）
其他辅料
稀奶油：西米丹
生奶油：玛斯拉，由西米丹提炼而成。
黄油：玛斯拉，由生奶油熬制而成。
果酱：瓦列尼，由各种浆果熬制而成。

阿荣旗地处呼伦贝尔市东南部，背倚大兴安岭，面眺松嫩平原。东与莫力达瓦旗为邻，西与扎兰屯市隔音河相望，南与黑龙江省甘南县毗邻，北部和鄂伦春旗相连，西北与牙克石市接壤，是呼伦贝尔连接东北三省的南大门，全旗总面积1.36万平方公里，辖5个建制镇、4个少数民族乡、7个地方林场和2个国营农场，共有148个行政村，居住着汉、满、蒙古、朝鲜、鄂伦春、鄂温克、达斡尔等20个民族，总人口32万。全旗耕地面积470万亩，主要农作物有大豆、玉米、马铃薯、葵花、水稻、白瓜子、甜菜、小杂粮等，粮食生产能力30亿斤。境内有天然优质草牧场300多万亩，林地面积845万亩，是全国441个优质商品粮基地县和自治区5个大豆主产区之一，素有"粮豆之乡"、"肉乳故里"、"绿色宝库"的美誉。旅游资源富集，有人文、生态、自然风光、地质、水域、古遗址等旅游景观。原始森林郁郁葱葱，古木参天。主要树种有落叶松、樟子松、蒙古桦、杨、柳、榆等，林产品开发广阔。同时，阿荣旗还盛产多种山野菜，如：蕨菜、猴头、木耳、黄花菜、黄瓜香等。林中野生动物繁多，有马鹿、驼鹿、梅花鹿、棕熊、野猪、狍子、黄羊等70多种野兽和鸳鸯、鸪鹑等80多种珍禽在这里繁衍、生息。

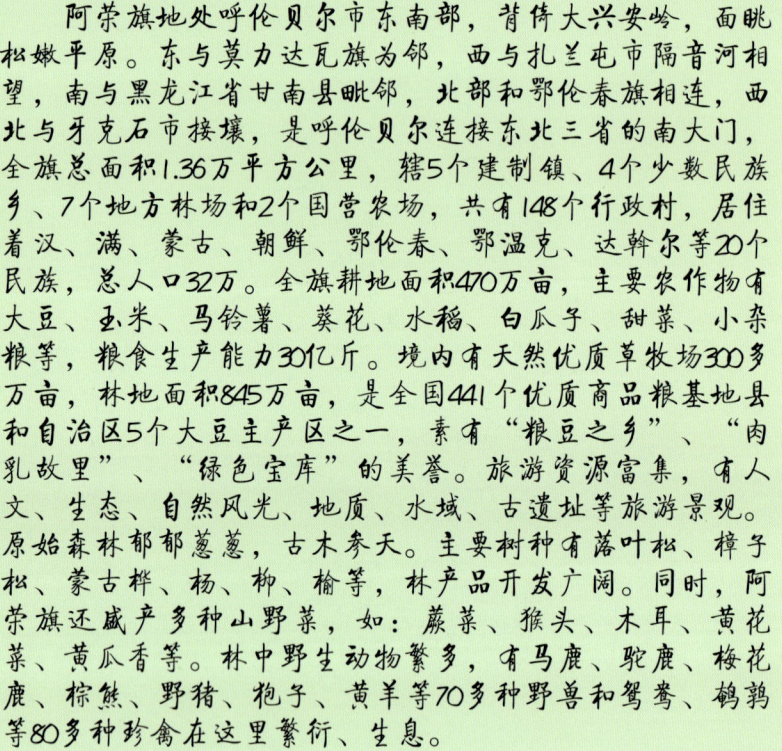

阿荣旗

阿荣旗东光朝鲜民族村特色餐饮

（一）阿荣旗东光朝鲜民族村

阿荣旗新发朝鲜民族乡是内蒙古自治区唯一的朝鲜民族乡，其中，东光朝鲜民族村是新发朝鲜民族乡特色较为突出的一个村，也是新发朝鲜民族乡乡政府所在地。

东光朝鲜民族村距旗政府所在地4公里，该村始建于1949年3月，现有82户，317人，均为朝鲜族，有着浓郁的朝鲜族风情和朝鲜族文化，具有发展朝鲜族餐饮业和生态旅游业得天独厚的条件，至今仍沿袭朝鲜族的风俗习惯。该村稻田面积为1550亩，旱地面积为900亩，被确定为呼伦贝尔市水稻绿色产品基地，该村的无公害白菜、辣椒、粘玉米、打糕等农副产品在周边地区享有盛誉。这里的朝鲜族民俗风情、独特的民族饮食文化、优美的自然风光以及无污染的农家田园风光吸引着大量的游客前来观光。

东光村已经陆续开业10家朝鲜族饭店，这些由当地农民兴建的农家小院吸引了众多的城里人来此体验独具特色的朝鲜族民俗风情，尤其以纯正的朝鲜族菜肴最

（狗肉火锅）

族民俗风情，尤其以纯正的朝鲜族菜肴最脍炙人口。在这里您可以品尝到地道的凉盘狗肉、狗肉汤、辣白菜等民族饮食。晚上游客还可以围着篝火或唱歌或跳舞。当地居民会拿出《阿里郎》《长鼓舞》《道拉基》等正宗的朝鲜族歌舞节目，来招待远道而来的宾客。游客可以穿上眼的衣裙亲身体验压跳板、荡秋千、摔跤等朝鲜族体育游戏，如果喜欢，游客还可以亲手制作朝鲜族打糕。欢快的朝鲜族歌舞和独特的朝鲜族饮食文化，吸引着众多的游客慕名而来。

（打糕）

（二）朝鲜族饮食文化

汤是一日三餐中必备的，其种类达30多种。日常一般喜欢喝大酱汤，三伏天喜欢喝凉汤。大酱汤是以大酱、蔬菜、海菜、葱花、蒜片、豆油等为主要原料，有时亦用肉类或明太鱼等各种鱼类熬成。凉汤以黄瓜丝、葱花、蒜片冲凉水加上酱油、醋、芝麻而成，夏天食用可清凉祛暑。狗肉汤是各种汤菜之首，做狗肉汤必须先将狗肉煮烂，吃的时候还要放点野香菜、辣椒油、花椒粉、盐和酱油等作料。狗肉汤营养价值高，所以朝鲜族家庭现在一年四季都喜欢吃。酱是朝鲜族饮食中主要的调料之一。酱是用煮熟的大豆发酵而成，营养丰富。酱的品种有酱油、大酱、辣椒酱、小豆酱、芝麻酱、汁酱、清麦酱等多种。朝鲜族喜欢吃辣椒酱，因为它味道辛辣、香美，能够增进食欲。朝鲜族人日常生活中的主食是大米饭。朝鲜族的铸铁锅，堪称"土高压锅"，具有良好的保气性能，焖出米饭来格外的可口。如果遇上喜庆之事或逢年过节，喜食各种糕饼，如打糕、发糕、蒸饼、松饼、烙饼等。这些糕饼都是用大米面或糯米面做成。

（烤明太鱼）

（韩式酱汤）

朝鲜族人的面食,最具有代表性的就是冷面,冷面是朝鲜族老幼皆喜食的大众化小吃,通常的做法是按适当的比例把荞麦粉、面粉等掺和后压制而成,汤是用精牛肉或鸡肉熬制而成的,在面条里要加上香油、胡椒、辣椒、味精等调料。

(三)美食推荐

在阿荣旗您可以品尝到正宗的朝鲜族美食,主要有:

(辣白菜)

(冷面

（石锅拌饭）

（手撕狗肉）

（米肠）

（蔬菜饼）

莫力达瓦达斡尔族自治旗成立于1958年8月15日，是内蒙古自治区三个少数民族自治旗之一。位于呼伦贝尔市最东部、大兴安岭东麓中段、嫩江西岸。全境南北长203.2公里，东西长125公里，北与鄂伦春自治旗接壤，西与黑龙江省甘南县为邻，东与黑龙江省讷河市、嫩江县隔江相望。面积约1.1万平方公里，辖17个乡镇、220个行政村、13个居委会，总人口32万人。全旗有17个民族，主体民族是达斡尔族，有人口30,497人。有耕地689万亩，草场330万亩，林地342万亩，大小河流56条。莫旗人文景观独具特色，旅游资源丰富。有风情独特的中国达斡尔民族园、达斡尔民族博物馆、神韵独具的雷击石、历史悠久的金界壕的莫旗年产大豆15亿斤以上，以县为单位大豆产量居全国之首。素有"大豆之乡"、"曲棍球之乡"、"歌舞之乡"的美誉。

莫力达瓦达斡尔族自治旗地域辽阔，野生动植物繁多，有狍子、飞龙、黑熊、灰鹤、百灵、山鹰等野兽飞禽，还有黄芪、蕨菜、黄花菜、婆婆丁等山野菜和珍贵的中药材。

莫力达瓦达斡尔族自治旗

达斡尔族饮食介绍

达斡尔族的主食以饭（巴达）、饼（午图莫）、粥（兴恩巴达）为主，每顿饭配肉类和菜。米面较之，以米为主。住在黑龙江北岸时，兽肉曾经是主食之一。迁徙嫩江流域以来，肉类减少，菜类增加了，粮食逐渐变为唯一主食了。主副食种类繁多，营养丰富，别具风味。燕麦叫"花林坡"，带有狍子肉或牛奶的燕麦粥叫"花林坡巴达"。这是达斡尔人尤其老年人爱吃的一种饭。

炒熟的燕麦面粉叫"哈格"；炒熟后碾成的碎粒叫"欣特勒"。哈格和欣特勒常拌白糖、黄油、牛奶吃。由于哈格和欣特勒抗饿性强，干燥，便于携带，受到猎手、放排人、农民的欢迎。

稷子米叫"敖斯莫"，将糜子（芒格勒莫）烀熟炕干后碾制而成。

稷子米饭是达斡尔人最喜欢吃的传统饭，那黄澄澄的大圆粒儿，就像一颗颗金珠子。

做热气蒸腾的稷子米干饭时，通常爱掺芸豆；吃时不泡鲜、酸牛奶，就泡鲤鱼汤；有时也直接做牛奶稷子米粥吃，叫"苏提切"。

据清代汪昂辑著的《本草备要》上记载：

稷，补。甘草，益气和中，宣利脾胃。

可见稷子营养丰富，大有益于人类健康。

稷子之所以这样好，在于它加工前用锅烀过，使糠皮中的营养元素无保留地浸入米中，减少了维生素在碾米过程中的损失，保存了较多的碳水化合物、蛋白质、无机盐和维生素；因而吃起来有股香味，碾制过程中也不易碎，提高了出米率。锅烀还破坏了稷中的酶，杀死了害虫，因而稷米的保存时间也较别的米长。糜子不经锅烀直接碾的米叫稌子，达斡尔语称"西吉莫"。西吉莫米色发白，酷似颗颗玉珠。用它做饭时也掺芸豆。吃时泡肉汤或鲜、熟牛奶、酸奶。

西吉莫还可做黏稠粥——西吉莫拉勒，吃时拌黄油、白糖。

"瓦热勒拉勒"，是用西吉莫拌下犊乳牛头三天的高质乳做成的。吃时通知本莫昆（姓）各户，选一代表，怀揣碗匙前来聚尝；即使散居邻屯的本莫昆户，接到通知也要骑马赶来；因为这是达斡尔人象征莫昆内部求团结，共甘苦的古风之一。而今虽不通知本莫昆了，但也要通知左邻右舍来品尝。拉勒不仅平素吃，每逢腊月初八每家必吃。

西吉莫面粉还可做发糕（浩日吾图莫）、黏豆包（啤斯格吾图莫）和柳叶形煎饼。

用西吉莫面粉做的带有吉祥花纹的糕点——油炸的果子叫"西日格勒"，内拌糖油叫"霍日勒格"，掺和山丁子面、牛油、白糖做的叫"瓦特"。这些糕点均可用于婚宴、喜庆节日和招待贵宾上。大盘子里堆满的各色各样的糕点，吃起来又软又黏，又脆又松，又甜又酸，味道醇厚而鲜香。

荞麦叫"蒿勒"。用荞面做的馅饹叫"达勒巴达"，是达斡尔人主食中的上品。吃时拌牛奶或浇野禽肉汤、鸡肉汤。荞面还可做拇指甲状的面疙瘩拌肉汤吃，叫"何日格依巴达"。

内夹苏子泥馅的荞面饼叫"巴勒提吾图莫"，这种饼也可拿白面做。

荞面做的盅状馍叫"绰莫吾图莫"，此种馍通常放到菜锅里煮，煮熟了单独捞出来吃；菜味调料味均渗进馍里，吃起来别有风味。

牛奶煮荞面面片，拌白糖黄油吃，叫"托古列"。这种面片也可拿白面做。做时用手揪或用刀切成菱形。

荞面切面拌肉汤或牛奶者叫"拉日斯巴达"，荞面削面拌牛奶或肉汤者叫"何日克木勒巴达"；荞面削面拌小米混合的粥叫"沙布日旦巴达"。

用荞面摊的薄饼叫"敖日库莫勒吾图莫"或"烤勺勒吾图莫"；做时拌葱花和荤油，吃起来也别有香味。

用荞麦粒儿做的饭叫"阿拉莫巴达"，达斡尔族老人最喜欢吃带狍子肉的阿拉莫粥；阿拉莫和小米或稷子米合着可做二米饭，吃时泡牛奶或肉汤。

荞麦脐子叫"尼吉"，用尼吉做拉勒吃，也是达斡尔人爱吃的主食。

达斡尔人还喜欢用荞面包蒸饺吃。

大麦粒儿饭叫"木日古勒巴达"，做粥的时候较多。

白面除吃面片、面条、烙饼、饺子、馅饼、包子以外，还吃油炸饼，叫"图瓦吾图莫"。

民国以前，达斡尔人吃面食，尤其吃白面比较单纯，通常只知吃揪面片；民国以后，与汉族接触日渐频繁，学会了吃饺子，半月形馅饼（韭菜盒子）、包子和豆包等等。现在经常吃的主食有白面、荞面、稷子米、小米、苞米楂子、高粱米。

达斡尔族的副食以肉、奶、菜为主。菜总称为"萨斯贡"；以吃烩菜、咸菜、炖菜为主。

达斡尔女子在园田里种植的菜蔬，品种相当多，故有"园田半年粮"之说。

（排骨炖豆角丝）

（达族风味茄子）

（排骨炖柳蒿芽）

豆荚菜叫"包日绰萨斯贡"。秋后把豆荚剪成细条晒干，以备冬春吃。

豌豆和倭瓜、土豆一块炖着吃，也是达斡尔人常吃的菜。

长白菜叫"努嘎"，做菜以炖、熬、烩为主。秋天腌酸菜时，将长白菜浸入开水里煮片刻，拿出来控水片刻，然后放入缸里腌渍冬藏。做白菜泥时，将切剁的白菜帮和叶子，连同蒜、盐、辣椒混在一起，放到碾盘上碾碎成泥；它有别于韭菜泥和辣椒泥，自成一味。秋后还采取窖储和晒干等冬储办法。

向来缺乏熘炒等高级烹调艺术的达斡尔人，唯做柳蒿芽菜最拿手。柳蒿芽菜叫"昆米勒"、"昆必勒"或"库木勒"，是达斡尔人自古至今最喜欢吃的、具有民族特点的野生副食品。

做菜时配以猪肥肠、猪肉、鱼肉、狍子肉、芸豆或土豆。那深绿色的柳蒿芽菜和紫红色的芸豆粒、白色的肉片相杂，就像红玛瑙、白玉片镶嵌在墨绿色的绒毡里，格外协调雅观。

柳蒿芽菜的浓郁香味，每每催人食欲大增，族人被其馥香迷得往往直至饱腹也想不起吃主食；再好的主食在柳蒿芽菜桌上，也会遭到族人冷待的。

据中外医学界考证，常吃这种别致风味的柳蒿花芽菜，对人具有清热解毒败火防癌的作用。

族人，尤其妇女，每年端午节前后，成群结队地赶往江河沿岸潮湿的柳丛地带采集；即或园田丰收了，储存了用不完的蔬菜，也毫不减免柳蒿芽菜的采量和晒干储量。

达斡尔人除了采柳蒿芽菜以外，还采些满格日特（形似马莲的野菜）、野葱和野韭菜（挂格斯）等做调料或做菜做馅吃。野韭菜花则被掐来，碾成韭菜花泥（索日斯）吃。

茄子切成片，葫芦旋成条晒干冬藏。

达斡尔人腌制咸菜的本领也很高，各种咸菜五花八门。如把胡萝卜和长白菜切成丝腌到一起；大萝卜䞈块或切成若干块腌，吃时切成丝条，或切成小丁与野味肉丁炒在一起，就成了类醢菜；黄瓜切成片或整个腌；腌茄子时，把茄子从中间豁开一个口子，里面塞进辣椒、蒜、芹菜、香菜等调味品，使腌的茄子有五香俱全的味道。

达斡尔人还善于用黄豆自制大酱当调料吃；也生黄豆芽做菜吃。

（柳蒿芽炸丸子）

在做肉汤或炖肉时，达斡尔人喜欢加些蘑菇、木耳、黄花菜土特产品，以强化馔味，食之可口。

（五花肉炖山里混）

达斡尔人的肉食包括鱼、狍、牛、羊、家猪、野猪、鸡、野鸡、沙鸡、兔子、飞龙等禽兽、动物肉。

吃鱼是达斡尔人素有的习惯，以清炖为主，鲤鱼通常先煎后炖，吃其肉喝其汤。

达斡尔人的筵席，以肉为上品，猪肉骨节分上下等次，成块煮，手把着吃为贵。

手把着吃时，蘸着漂葱花的盐水或韭菜花泥、白菜泥吃；尤其每年除夕的晚餐，讲究阖家围着饭桌吃手把肉。

猪的上等肉叫"瓦奇"，即尻背；二等肉叫"达勒"，即肩胛；三等肉叫"叟吉"，即胯臀。瓦奇和达勒，仅敬供长辈和尊贵客人享用；普通亲友则用叟吉肉招待就够了。其它动物和兽类的珠勒德（心、肝、肺、气管、舌头），也被认为是肉餐之尊，只馈赠贵宾、尊长和神佛享用。

除了吃手把肉外，达斡尔人还善于晒狍、羊、牛、鱼肉干，吃时泡煮、油煎加工。

肉类平素主要用于烩菜、炖饪；狍肉也有在野外串烤着吃的；民国以来做馅吃的很普遍。

达斡尔人原来只吃自制的苏子油（巴立托斯）和麻油（麻罗托斯）；现在普遍吃豆油、菜籽油和花生油。

牛奶也是达斡尔人主要副食品之一，除了用于米饭面食，还制做奶皮（吾如莫）、黄油（高等日托斯）、酸奶（其嘎、吉斯恩苏）等各种高级营养品。

达斡尔人还嗜好烟酒。原来喝自制的牛奶酒、燕麦粒和小米酿的米酒、杜柿酿的果酒；现在普遍从市场买现成酒喝。

烟是敬客的贵品。不论是敬客还是自己抽，都用自己栽培、烘干的叶烟。

达斡尔人还以野果汁露、各种茗茶做饮料。敬茶也是达斡尔人待客礼节之一。

女人们一到秋季，就到山野、河套采集杜柿、稠李、榛子、草莓、玫瑰果、山丁等野果山珍，除生吃外，还磨成合成性野果粉，做糕点馅，还可用开水冲融当饮料；这种野果汁露，具有浓烈的酸、甜、香三种味道，饮之清香可口，是达斡尔族独具的，富有特殊风味的，滋补效果很强的高级饮料，专供婚姻喜事和敬待贵宾时沏用。因此，达斡尔族姑娘、媳妇、老妪们很重视野果的采集。

（沙半鸡沙咸菜）

（酱泼豆腐）

达斡尔族特色菜：

（葱炒狍子肉）　（手撕牛肉）

（鲫鱼汤）

陈巴尔虎旗位于呼伦贝尔市的西北部，东部与牙克石市接壤，东南与海拉尔区毗邻，南接鄂温克族自治旗，西邻新巴尔虎左旗。全旗总面积1.86万平方公里，其中天然草场面积1.58万平方公里，占总面积的85%，被誉为"天堂草原"。

陈巴尔虎旗的自然和人文资源特别丰富。其山林中经常出没着黑熊、野猪、狼、鹿、狍子、榛鸡等飞禽野兽。草原上和林间隙地有山杏、黄芪、柴胡、防风等220余种中草药材，有蘑菇、黄花菜、柳蒿芽等野生植物384种。有优质矿泉95处，阿达盖和青根矿泉水的生产已初具规模。

陈巴尔虎草原美丽、富饶，草质优良，草原上的牛羊膘肥体壮，肉质多汁鲜美，是呼伦贝尔草原特色菜手把肉、烤全羊、涮羊肉的优质材料。

陈巴尔虎旗

陈巴尔虎旗特色餐饮

陈巴尔虎旗地处呼伦贝尔大草原的腹地，其餐饮特色是典型的草原风味，有手把肉、烤全羊、烤牛肉、奶制品等，体现了游牧民族的饮食习惯。

1、手把肉

手把羊肉，就是挑选膘肥肉嫩的羊，就地宰杀，扒皮入锅，放入作料，进行蒸煮。操作简单明快，只加一小把盐(也有的不加盐，吃时蘸盐)，火候恰如其分，血水消失不久，肉熟而不硬，吃起来又鲜又嫩，十分可口。因为净手后吃肉时一手把着肉，一手拿着刀，割、挖、剔、片，把羊骨头上的肉吃得干干净净，所以得名"手把羊肉"。手把肉是陈巴尔虎草原蒙古游牧民族千百年来的传统食品。即用手把着吃肉之意。羊、牛、马、骆驼等牲畜及野兽的肉均可烹制手把肉，但通常所讲的手把肉多指手把羊肉而言。手把肉是蒙古民族千百年来最喜欢、最常用的传统食品。这种草原牧区牧民们的传统吃法可以追溯到古代。据明《夷俗记·食用》中云："其肉类皆半熟，以半熟者耐饥且养人也。"

吃手把肉用的蘸料

2、烤全牛

烤全牛的制作是一个体力活，技术当然相当重要，烤肉师傅们先要选一只健康的膘肥体壮的牛，将牛按蒙古族习俗宰杀，剥了牛皮后将牛的内脏取出，将宰杀后的牛身洗干净，这是第一步的完成，仅仅是第一步就可以让师傅们累得满头大汗，毕竟这是一头牛，需要很多人配合着才能完成第一道工序。

用特制的铁架子将牛的身体固定上，然后在牛的体内放入了师傅们提前准备好的调料，体表用调好的糊状均匀地抹在牛的全身，几个体壮的年轻人就将铁架扛起来送到烤全牛专门用的一个大坑里。

烤全牛熟了，又有几个体壮的年轻人将牛从坑中提出来，放到好大的一张桌子上，清理干净炉灰，可以削上肉片分给客人了。

烤全牛味道香美，蘸上特制的调料，坐在陈巴尔虎旗大草原上，品尝最传统方式制作的巴尔虎烤全牛，有一种回归自然的感觉！

3、烤全羊

烤全羊起源于北方游牧民族，是蒙古民族的餐中之尊。烤全羊已成为内蒙古草原饮食文化中一枚璀璨绚烂的明珠。呼伦贝尔陈巴尔虎草原的烤全羊外焦里嫩，皮脆肉滑，色泽金黄，鲜香异常，吃起来肥而不腻，酥脆香美，与平时吃到的羊肉有很大的不同。到呼伦贝尔陈巴尔虎草原的人们不仅随处可以欣赏到如画的美景，感受少数民族独特的风情，更可以随处品尝到当地特色的美食。而其中最著名的就是呼伦贝尔烤全羊。

烤羊的时候，用铁板把炉口堵住，燃烧梭使里面的温度高达120℃。等烤炉的温度下降到80℃左右时，要将炉里的羊脖子稍向下倾斜起来，使上面的油掉下来以后，可以落到下面盛有一半水的盆子里，不致直接掉到火上激起满炉的油烟。最后，在灶火上面的口子上，扣上一个大铜锅，锅沿上的缝隙要用泥巴封好再烤上半小时以后适当地加一些木炭，使温度保持在一定范围。大一些的羊烤四个钟头，小一些的羊烤三个半钟头即可。

4、奶干

呼伦贝尔陈巴尔虎草原草茂水丰、牛壮羊肥、空气清新，是旅游的绝好去处。如果您饱览了这般天堂草原的美丽风光还嫌意犹未尽，那么您还可以俯身钻进洁白的毡包，好客的蒙古族人民会为您敬献洁白的哈达，为您斟满飘香的奶茶；这里独特的奶制品同样让您嘴角流涎。

奶干的做法是将取出奶皮的牛奶盛于桶内发酵，用布袋装起吊晾，用马尾或细线切成片状，置木板上晾晒数日即成。

鄂伦春旗位于呼伦贝尔市东北部，东与黑龙江省嫩江县隔河相望，南与莫力达瓦达斡尔族自治旗、阿荣旗接壤，西与根河市、牙克石市为邻，北以伊勒呼里山与黑龙江省呼玛县为界。鄂伦春旗土地总面积为59880平方公里。

境内北部高，东南低，由西北向东南缓慢倾斜，地貌由山地、丘陵、河谷平原组成。

鄂伦春旗境内20公里以上河流138条，是嫩江上游主要产流区。

鄂伦春旗辖7镇5乡，总人口29.5万人，由22个民族组成，其中少数民族占总人口的8.7%。

鄂伦春旗已探明的有开采价值的矿藏有煤、金、银、铝、萤石、石灰石、硅土、膨润土、油页岩、石墨等；珍贵动物有马鹿、驼鹿、紫貂、猞猁、熊、榛鸡等；野生药材有黄芪、黄芩、桔梗、赤芍、防风、龙胆草、柴胡等80余种。

鄂伦春旗

鄂伦春族饮食文化

　　鄂伦春人过去以食狍、鹿、犴、野猪肉为主，其中食用最多的是狍子肉。食用的方法很多，常见的有手扒狍子肉，即把肉切成大块，煮得很嫩，中间常有血色就蘸着盐水食用。烤肉是将木棍削尖，把肉插上，烤得焦黄即可食用。

　　烧肉是把肉扔在火里，烧得外黑里红，即为恰到好处。炖肉是把肉切成小块放上野菜一起炖，味道格外鲜美。晒肉干是把肉切成小块，煮熟晒干，或切成小条用烟熏后风干，肉干可以长期保存。还有一种吃法叫"阿素"，即把剔骨狍子肉、狍肺、狍脑子煮后切成小块，和在一起，浇上野猪油，放些野茶花，鄂伦春人认为这是相当讲究的佳肴。他们爱吃生狍、鹿肝，以改善和增强体力，用肥野猪肉和熊脂肪炼油保存，在严冬季节出猎，喝一碗熊油就会全身发热。

特色菜品有：葱爆狍子肉

白斩野猪肉

炸狎肉干　　　　　　　　　　　　　　　蓝莓里脊

鄂伦春人也喜欢吃鱼，有华子鱼、柳根鱼、细鳞鱼、哲鳞鱼、草鱼等十余种鱼，有些鱼制作成特色菜品，有些鱼则晒干成鱼干或坯子储存起来。

干煎华子鱼：华子鱼为当地产冷水鱼，肉质细韧、味道鲜美，直接用油锅煎熟食用，能够品尝到原汁原味。

红焖细鳞鱼：

鄂伦春旗盛产山野菜和食用菌类，各大宾馆创出了一套取材于自治旗特有原料加工的菜系，有柳蒿芽、黄花菜、山芹菜、蕨菜、四叶菜等野菜；有木耳、猴头、蘑菇等食用菌类，这些绿色山野食品，味道鲜美，营养丰富，是原汁原味的绿色食品。

以下菜品是用山野菜和菌类食品加工而成的特色菜品：

肉末柳蒿芽

肉炒木耳

酥炸柳蒿芽丸子

五花肉山芹菜

昆毕汤：昆毕，一种野菜，当地汉语称柳蒿芽。艾蒿的一种。长在河边柳树丛间。有败火、解毒、清胃的作用。昆毕萌芽早，长势猛，每年端午节前采集，色翠绿，味微苦。新鲜时做汤鲜，也可以晒干后慢慢食用。分别用各种野兽(除熊)的骨头肉、肥肠及新鲜血烩炖成汤菜，清香可口。

自从鄂伦春人从事农业生产以后，粮食也被越来越多的人食用了。

鄂温克族自治旗地域辽阔，风光旖旎，是未受污染，是生态环境保护较好的一片绿色净土，是野生动植物的天然博物馆，生长在这里的牛羊都是膘肥体壮，肉质不仅鲜嫩多汁、不膻不腥，而且味美爽口。这里还生长着很多的山野菜和野果。主要有野韭菜、黄花菜、蘑菇、笃斯、红豆、山丁子、稠李子，有时直接鲜食，有时加工贮存，以供常年食用。他们经常把笃斯熬成酱，作为面包和其他面食的作料。鄂温克族人还擅长打猎，过去经常吃一些狍子、鹿、野猪、灰鼠、鱼、飞龙等动物，或者做成烤肉、烧肉、肉干等食用，熊掌、飞龙肉等野味是接待客人的上品。他们还喜欢吃生狍肝、生野猪肝，认为吃生肝对人们的眼睛有益，具有保护视力的作用。鄂温克族人做鱼时多用清炖法制作，只加野葱和盐，讲究原汁原味。

鄂温克旗

鄂温克族特色饮食

鄂温克族的饮食中一般都有肉食和乳食，对捕获的野生动物肉和鱼类有多种吃法，还有用采集的野生植物做的各种特色的菜肴，也有各种野果作馅的面食等。

鄂温克人对乳食特别喜爱，在他们看来乳汁是洁白的，是哺育和滋养我们人类的源泉，因此把乳汁看得特别圣洁和珍贵。在鄂温克人的各种祭祀活动中，也不可缺少乳汁和乳制品。牧区鄂温克人的乳食以牛奶为主；使鹿鄂温克人的乳食以驯鹿奶为主。

牛奶的食用方法有很多种，最普通的方式是把牛奶煮开后喝，也有人把刚挤出的牛奶趁温热给孩子喝。生鲜奶和熟鲜奶可以泡米饭吃；还可以煮稀奶粥和稠奶粥；把煮熟的土豆在熟鲜奶中捣碎吃；把去籽煮熟的倭瓜片在鲜奶中捣碎后，加芸豆煮粥吃；做鲜奶面片；用牛奶、黄油和面做酥饼。此外，常见的乳制品有奶茶、酸奶、奶皮子"乌如木"、奶油、奶干、奶酪、奶糕、奶酒等。

通常，鄂温克族以奶茶为主，也饮用面茶米茶。传统上用罕达犴骨制成杯子、筷子，鹿角做成酒盅，犴子肚盛水煮肉，桦木、兽皮制成盛器。除春节等节日与附近其他民族相同外，鄂温克族还要在农历五月下旬举行"米调鲁节"。"米调鲁"是欢庆丰收之意。鄂温克族十分好客，客至，要用奶茶、酒、肉肴款待。

生活在鄂温克族自治旗的蒙古族有布里亚特蒙古族和厄鲁特蒙古族，其中的布里亚特蒙古族的饮食主要以奶茶、乳制品、肉食、面包为主。其奶茶与其他民族不同，茶浆、开水、牛奶单独放容器中，喝茶时再兑成茶，一般不加盐。户户有烤炉，自烤面包，然后切成块与西米丹、奶油、白糖一起食用。乳食品有酸奶、奶干等。肉食多以手扒肉、肉粥、肉汤面为主。布里亚特包子是灌汤肉馅包子，肉是用刀切成的小方块，而不是用刀剁的，具有独特味道，成为当地风味食品。他们的传统食品主要有奶食品、肉食品、面食品、野菜野果及饮料。奶食品称"查干伊德"，意思为"白食"。奶食品分食品和饮料两类，食品有奶酪、奶皮子、奶干等，饮料有策格（酸马奶）、酸牛奶、马奶酒等。肉食品称"乌兰伊德"或"宝日伊德"，意思是"红食"。肉类一年四季均食用。面食品有面条、列巴、果子等。野菜野果主要有柳蒿芽、蕨菜、黄花菜、蘑菇、稠李子、山丁子等。随着时代的发展，布里亚特人的饮食结构也发生了变化，各类蔬菜均摆上牧民的餐桌。用羊肉、羊下水和草原上野韭菜做馅的"布里亚特包子"香味扑鼻，并成为一道知名的地方风味。

（山野菜）

（布里亚特包子）

（酱牛蹄子）

特色饮食有酱牛鼻子、酱牛蹄子、柳蒿芽丸子、水煮牛排、羊排等。

（酱牛鼻子）

(水煮牛排)

(血肠)

(水煮羊排)

（柳蒿芽丸子）

（煎焖华子鱼）

此外，布里亚特蒙古族的涮狗肉也是一绝。

狗肉含多种维生素，一年四季皆宜食用，冬食取暖，夏食消暑，并能舒筋活血，滋阴壮阳。狗肉也可凉拌、酱制。涮狗肉用的狗最好是选用吃粮食的，其肉不腥。杀狗时，用绳子把狗吊起勒死，不用棒打或其他杀法，狗吊起后在没咽气时挑开四条腿，使狗血从此流出，膛内、肉内不留血。扒皮后放到清凉水内泡12小时，后放到清水锅里煮。锅水滚沸后取出放到凉水盆里洗净去掉末子。再放到清水锅里煮，将葱段、姜块、蒜瓣用菜刀拍碎同辣椒末、花椒、大料、桔皮放入锅内，锅里放一两黄豆，以解腥。肉煮熟后拿出放凉，撕成丝涮食即可，味道异常清香。锅底用狗肉原汤。用小葱、姜、蒜、辣椒油、香菜、胡椒粉、香油，按口味自调自食。狗肉含多种矿物质和维生素，一年四季食用皆宜，冬食取暖，夏食消暑，并能舒筋活血，滋阴壮阳。

新巴尔虎左旗位于呼伦贝尔市西南部，东与陈巴尔虎旗、鄂温克旗为邻，南与兴安盟阿尔山市接壤，西与新巴尔虎右旗相依，西北连接满洲里市，北与俄罗斯联邦以额尔古纳河为界。全旗总面积2.22万平方公里，辖2镇3苏木，有蒙古、汉、鄂温克、达斡尔等16个民族，总人口4.21万人。

新巴尔虎左旗美丽富饶，自然资源丰富，这里的草场优质天然，尽显风吹草低见牛羊的美景。这里野生动植物繁多，堪称"野生动植物园"。主要有野猪、狍子、飞龙、黑熊等野生动物和蘑菇、山野菜、野果等野生植物。

新巴尔虎左旗

新巴尔虎左旗的主打菜有：

香椿笨鸡蛋
小蘑菇扣肉
小笨鸡
杀猪菜
农家焖
刺五加羊肉

呼伦贝尔文化博览丛书

128

129

新巴尔虎左旗的特产

马奶酒

来到内蒙古草原,你也许就会发现在盛大节日和喜庆的日子里,主人都会将飘香的马奶酒敬献到客人的面前,蒙古族少女一曲悠扬的敬酒歌,会使远方的客人领略到大草原的温馨,以及蒙古民族朴实、好客和真诚的性格。

马奶酒,蒙语叫"奇格",有着悠久的历史。牧民时常用它来款待尊贵的客人。意大利旅行家马可•波罗曾经在《马可•波罗游记》描述过忽必烈在皇宫宴会上将马奶酒盛在珍贵的金碗里,犒赏有功之臣。后来的许多历史书籍都曾对蒙古族的马奶酒进行过介绍。元朝医书《饮膳正要》就把马奶酒确认为有滋补作用的良方。自古以来,饮马奶酒就被誉为蒙医的七大医法之一。蒙医学认为,马奶酒有驱寒、活血、舒筋、补肾、消食、健胃等功效。蒙医常用它与其它药物相配治疗胃病、腰腿痛和肺结核等疾病,对冠心病、高血压、高血脂也有一定的疗效。马奶酒醇香而微酸,酒精度不高。不会喝酒的人喝上一两碗也无醉意,可谓老少皆宜。马奶酒的制作工艺也不复杂。春夏之季,牧民们将挤下的鲜奶盛入盆或锅内,置放8、9个小时后取出奶皮,然后将脱脂奶倒入木桶,先用牛奶酿出酒曲,再用马奶发酵酿出马奶酒。发酵两天酿出的酒叫软曲马奶酒,经5-7天酿制出的叫硬曲酒。一般来讲,100斤鲜奶可酿制5、6斤马奶酒,还可用撇出的奶皮制作营养丰富的奶油。蒸酒剩下的脱脂酸奶可以制成美味可口的干奶酪。

草原上的马奶酒以其丰富的营养,独特的醇香和神奇的疗效而著称于世。

草原风干肉

早在成吉思汗建立蒙古帝国，蒙古骑兵与牛肉干就有着不解之缘，"出入只饮马乳，或宰羊为粮。只要有供马匹和畜群食用的水草，蒙古人就可以自给。一头牛宰杀后，百十公斤牛肉晾干捻成末后，只有十几斤肉末，装袋后背在身上，只要有水便可冲饮。在作战中，蒙古骑兵就是依靠马匹和畜群来给养的；这在后勤上大大减少了军队行进的辎重。牛肉干在远征作战中起着很重要作用。草原牧民自古就有晾晒牛肉干习俗，是招待贵客的食品。

巴尔虎牧民在日常生活中也将宰杀的牲畜肉晾成肉干，这样既美味又有利于肉食品在夏日中的保存。

蒙古茶食

蒙古民族特别喜欢喝青砖茶和花砖茶，视砖茶为饮食之上品，一日三餐均不能没有茶。若要有客人至家中，热情好客的主人首先斟上香喷喷的奶茶，表示对客人的真诚欢迎。客人光临家中而不斟茶，视此事为草原上最不礼之行为，并且将这事迅速传遍每家每户，从此不斟茶之户的名声衰落，各路客人绕道而行，不屑一顾。如若去亲戚朋友家中做客或赴重大的喜庆活动，要是带去一块或几块砖茶，那将是认为上等礼物，等于奉献"全羊"之礼品，不仅大方、体面、庄重、丰厚，而且可以赢得主人的赞誉。

茶叶中包含着丹宁、氨基酸、精油、咖啡因和维生素C、D、B等丰富的营养成分，有强心、利尿、健脾、造血、造骨、提神醒脑和强化血管壁等药用功能，还有溶解脂肪，促进消化等作用。因此，茶叶，尤其是砖茶逐渐在蒙古族人民生活中占据了重要的位置。一日无茶饮，心虚头晕，饮食不香，夜不能寐。传说，成吉思汗时期，蒙古兵出征无须带更多的粮草，有了砖茶，便等于有了粮草。人饮砖茶水，耐渴、耐饥、精神爽快；马食砖茶渣子，胜过草料之功能，日行百里，无疲倦之样。

蒙古民族通常饮用的砖茶中，最受欢迎的是湖北所产，带有"川"字记号的砖茶。他们用砖茶熬制成茶水，蒙古语称"哈日茄"；奶茶，蒙古语称"苏台茄"；酥油茶，蒙古语称"希日陶斯台茄"；面茶，蒙古语称"珠通茄"。在长期的生活实践中，他们还摸索出丰富的熬茶技术。熬红茶是将无杂质的水，用铜质家具煮沸，然后把捣成粉状的茶放入，再放入少许食盐即可饮用。

这样的茶，清香扑鼻，维生素不受破坏，有很强的助消化作用。煮奶茶是将在已经熬成的红茶里，放入适量的牛、羊鲜奶，使茶的红变为乳白色即可。奶茶有浓郁的奶香味，可口绵甜，增加食欲。酥油茶是在已经配制好的奶茶里，再适量放入酥油、红糖即成。这种茶在隆重的场合上饮用的较多，民间一般不多熬制。面茶的熬制方法较复杂：先将青稞面或麦面用油炒熟，再把事先熬好的红茶澄清倒入，搅动后成为比奶茶略稠为宜。面茶既当茶又可当饭，是牧民冬季食用的茶食。这些种类繁多的茶，独具风味，细细品尝起来，真是一种特殊的享受。

喝茶的时候再配上醇香的奶制品，那又是另一番美妙的物质享受了。

奶制品

奶豆腐，蒙古语称"胡乳达"，是蒙古族牧民家中常见的奶食品。味道有的微酸，有的微甜，乳香浓郁，牧民很爱吃，常泡在奶茶中食用，或出远门当干粮，既解渴又充饥。还可以做成拔丝奶豆腐，其软韧牵丝为断，是宴席上的一道风味名菜。奶豆腐，分为生奶豆腐和熟奶豆腐两种。熟奶豆腐的做法是，把熬制奶皮剩下的奶浆，或提取酥油后余下的奶渣，放置几天，待其发酵。当奶浆或奶渣凝结成块时，用纱布把多余的水份过滤掉。然后将固体部分，在锅里文火煮，边煮边搅，直到粘着程度时，再装进纱布里，把黄水挤出。这时就可以装模压制成形，或置于木盘中，用刀划成各种形状；生奶豆腐的做法是，把鲜奶发酵，使其变酸后，倒入锅里煮熬，奶浆就变成老豆腐形状。然后在纱布中，挤压去水份，装模成形，奶豆腐色泽乳白为最佳。奶豆腐可现吃，柔软细腻，十分可口，也可晾干久存食用。

奶皮，蒙古语称"乌如木"，是奶食品系列中的佳品，营养价值颇高。制做奶皮工艺简单，但用料很多。制做奶皮的原料系鲜奶，要制做一斤奶皮，需用去八斤鲜奶。因此，经济条件一般的人家，是不大多做奶皮的。制做奶皮时，需将刚挤出的鲜奶，在纱布中过滤几遍，使奶液不掺入任何杂质。然后把鲜奶倒入大口铁锅中，待奶液稍微滚沸起来后，就用勺子不停地上下翻扬，直到鲜奶泛起很多的泡沫时，再把炉膛的火撤出，使奶液慢慢冷却，第二天，就有一层蜂窝状麻面的奶脂，凝结于奶液的表面。这时候，就用双手把凝结的奶脂轻轻揭起，倒扣在盘中或木板上，置于通风处阴干，一张完整的奶皮就做成了。食用奶皮，一般要配以油饼和白砂糖。在刚出锅的死面油饼上，洒上一层白砂糖，然后再附一层奶皮，把油饼和奶皮卷在一起吃，甜而不腻，香而又酥，十分可口。

草原羔羊肉

新左旗有效牧场面积达1.79万平方公里，占总面积的82%，是举世闻名的呼伦贝尔大草原的重要组成部分。自古人们皆视羊肉为美味，巴尔虎羊肉卷作为新左旗特产，同时销往很多城市及国家，随之也提高了新左旗的知名度。巴尔虎草原在我国可以说是首屈一指的无污染优质草场，这里营养丰富，温差大，所产的牛羊肉无膻味，肉质鲜嫩可口，深得内地食客的喜爱。近年来，随着新左旗严格控制草场载畜量的一系列措施的出台，巴尔虎羊肉卷生产量也大幅度提高。羊肉卷种类很多，大致分为羔羊肉卷和精制羊肉卷两种，羔羊肉卷包括：羔羊精卷、羔羊精选卷、羔羊排卷；精制羊肉卷包括（大羊肉）：精卷、选卷、排卷等。是涮锅子的上等原料。

烤全羊
品味烤全羊的魅力

烤全羊是蒙古民族的餐中之尊。据史料记载，它是成吉思汗最喜爱吃的一道宫廷名菜，也是元朝宫廷御宴"诈马宴"中不可或缺的一道美食。

蒙古族这种传统而古老的风俗，至今还保留着，以前只供蒙古贵族享用，一般牧民根本吃不到烤全羊。现如今，烤全羊已成为内蒙古草原饮食文化中一枚璀璨绚烂的明珠。

随着历史的发展和蒙古族人民生活水平的提高，烤全羊的方法也随之演变。原始的烤全羊，是将开膛去皮的整羊架于火上烘烤。烧烤时要用杏木疙瘩烧旺的红火，须火旺而无烟方可。不时将白条羊在火上左右翻转，一直烤到表面金红油亮，香味喷发，外焦里嫩为止。烤熟后从架子上卸下，用刀割而食之，不加油盐，不加任何作料，却有纯朴天然的香味。

现在，内蒙古的一些饭店和旅游景点为使烤全羊的肉质更鲜美，在制作工艺上都融入了自家的小秘方，所以烤全羊的制法各色纷呈，但大体上基本一致：烤全羊要选择膘肥体壮的4齿3岁绵羊作原料，宰杀后用80度的热水浇烫羊的全身，趁热煺去羊毛；挖除内脏，用水洗净胸腔、腹腔，再用碱水洗净全身羊皮。在腹腔和后腿、五叉等肉层较厚的部位，用刀割开小口，然后填进各种作料腌渍入味，外皮涂抹适量麻油和酒。

用铁扦从羊尾向内别到腹部，并加以巩固，再用铁链钩住羊的四肢，背部朝下放入炉内烘烤，砖砌而成的烤炉似穹庐状。烤全羊入炉之前，先用一种叫梭梭的柴禾将炉膛烧红，撤去燃料后，将全羊从烤炉的天窗吊入，并关闭天窗和炉门。将羊肉烤至半熟后，再打开炉门，用长柄勺舀上梭梭柴的火块对羊身进行烤炙，直到羊全身烤成焦黄色为止。用这种慢火烤炙的全羊外皮焦脆，金红油亮，而皮下的肉鲜嫩酥香，油而不腻。

烤好的全羊出炉后，倒掉腹腔和填入皮肉的作料，将全羊以跪卧姿势摆入直径约1米的大盘内，在羊脖子上系一条红绸带，先摆上桌让客人欣赏，待客人过目赞美后，由专人在客人面前将烤全羊割成小块。

炒米

有人说蒙古族的炒米是中国最早的方便食品。是不是"最早"，暂不追究，可由此引开的话题却是颇有意趣。蒙古语称炒米为"呼日森布达"，是草原牧民日常食用的主食之一。蒙古人不可一日无茶，也不可一日无炒米。有客人到家，好客的蒙古人总会佐着奶茶、奶皮、奶豆腐、黄油，在桌上摆上一碗黄澄澄的炒米。

炒米是蒙古民族的传统美食，有着悠久的历史。据史书记载，早在汉朝时就有用煮、炒、碾等工序加工制作糜子的食用方法出现，到了宋末元初，蒙古族人民便开始广泛地食用炒米。

炒米的原料是糜米，要经过煮、炒、碾等工序制成。先将洗净、去掉杂质的糜米放入锅中煮沸，待破开米嘴后，马上出锅晾干再炒熟，炒锅中要加入干净的细沙和糜米混在一起。这样炒出的炒米发硬，有嚼头，是蒙古人喜欢的口感。但没有破嘴就炒出的炒米，发软好咬，但没有什么嚼头，被当地人称作"汉人炒米"。最后，将炒好的糜米用石碾碾去皮，即可食用。

蒙古人食用炒米的方法可为变幻无穷，讲究和多种食物搭配。干嚼可做零食，泡入肉汤可当主食。总之，怎么吃仿佛都是信手拈来，全凭个人口味。

常见的一种方法是：将炒米泡进奶茶里，奶茶边喝边续，炒米渐渐泡软，待奶茶喝够，再吃光碗里的米和茶。如果再在茶里拌上奶皮、奶酪和黄油，香咸甜酸，那种混合而奇妙的滋味非得亲口尝试才知道；也可在煮沸的肉汤里放进炒米，加点儿盐，和肉丁一起做成炒米粥；而牧民远行或放牧，炒米则是极好的干粮。无论干嚼还是拌着奶豆腐、奶皮吃，满口都是绵甜醇厚的滋味。

新巴尔虎右旗位于呼伦贝尔草原南部，是内蒙古自治区呼伦贝尔市西部的四牧业旗之一。东部以乌尔逊河为界，与新巴尔虎左旗隔河相望。东北部与满洲里市毗邻，距海拉尔区220.5公里。新巴尔虎右旗总面积2.5万平方公里，辖1镇，11个苏木、2个林场、1个渔场和56个嘎查、4个居民委员会。总人口3.3万人。全旗草场面积3069万亩，占总面积的88.81%。野生动植物资源丰富，有野猪、狍子、飞龙、狐等兽类和大雁、灰鹤、鸿鹤、水鸭子、海鸥、鱼鹰、山鹰、毛腿鸡、百灵鸟等飞禽类以及山野菜、蘑菇、黄芪、野果等。新巴尔虎右旗草原辽阔，草质优良，水草丰美，全年肉类总产量7726吨，牛奶产量10798吨。

新巴尔虎右旗

巴尔虎饮食文化

　　长期以来，新巴尔虎蒙古人的食品结构主要为肉食、粮食、奶食三类，其中肉类和奶食在很长一段时间是主要食品。60年代后，以粮肉为主，蔬菜为辅。牧民一般早晚两餐，平时早晨喜欢喝米茶和奶茶，加炒米、黄油、奶皮、奶酪；晚饭是一天的主餐，多在收群圈羊之后才吃饭，一般以肉食、面食为主。

　　绵羊肉是巴尔虎蒙古人最喜食的肉食。杀羊时将羊胸口下侧切开一小口，伸进手揪断动脉，剥皮后去内脏，把血倒入器皿中，以便灌肠用；去头蹄，然后将整个羊按关节卸成若干小块，腿部等大块肉剔出备用。"手把肉"是较为普遍的食肉方法。做法是将小块羊肉放入不加任何调味品的白水锅中煮，水滚后不久便捞出，用刀割、刮、卡、挖、剔食。这种肉鲜嫩，易消化。牛、马及其它肉均可如此法煮食。

肉食以牛羊肉为主，羊肉最多。每年杀冬羊时，牧民每户小则杀8～9只羊，多则10～20只羊，还要杀大畜，冬季吃不完的，晒肉干春季食用。

新巴尔虎蒙古人奶食品的制作历史悠久，品种多样。主要有：

"乌日末"，奶皮子。

每年6～8月间，取鲜奶倒入锅煮沸后，反复用勺扬奶，至泛起泡沫再由小火慢煮至冷却。浓厚的奶脂凝结在锅面，形成一层蜂窝状奶油面，即奶皮子。取出放在平坦物上合并成半月形存放。食用时切块上盘，放入奶茶中享用。

"希日陶斯"，黄油。

将鲜牛奶（羊奶）倒入器皿后使其发酵，待脂物浮在上面，呈现白色油层，即"乌日末"，用平勺刮好放入锅中继续温火熬，不时搅动，待色泽微黄时分离出渣子，把油装入瓶内，随时取食。

"阿如拉"，奶干。

将取出奶皮的奶盛于桶内发酵，用布袋装起吊晾，去掉水分成面团状，把面团揉成棒形一节，再用马尾或细线切成片状，置专用板上晾干即成，干后装入布袋随时食用。

"塔日格"，酸奶子。

将提取奶油的奶放入桶内，任其自然发酵凝结后搅拌即可食用。因为特别酸，一般都加白糖凉水喝，清凉可口，消食健胃，解除疲劳。

"苏台茶"，奶茶。

新巴尔虎蒙古人酷爱喝奶茶，有"宁可一日无食，不可一日无茶"之说，世代相沿成习。奶茶的制法是，先将捣碎的砖茶装入纱布袋里，放入水中煮沸，然后用勺出锅，而后在锅内放入小米（大米）炒至深黄色发出香味，然后将鲜奶倒锅内煮沸，米吸收奶到一定程度时，将煮好的茶倒入锅反复扬，待茶乳交融后即可与其他奶食调合饮用。

地方特产

（一）白蘑

新右旗辖内的巴尔虎草原是呼伦贝尔草原的组成部分，土壤松散，富含有机质，夏秋季节气候温凉湿润，光照时间长，为白蘑的生长提供了良好的生态环境。白蘑是伞菌中最珍贵的品种之一，含有丰富的蛋白质、维生素及钾、钙、铁、磷等矿物质，其形状如伞，洁白玉盘，嫩如鲜笋。每年雨量充沛的8、9月为生产期。白蘑食法很多，可以熘炒、做馅，涮火锅时加入几块白蘑，顿觉味道更加鲜美。也可以晾干，以备冬季食用。

（二）鱼坯子

鱼坯子是将鱼从尾鳍顺脊梁到头部用刀刻成片状，去掉脏器，然后放入池或大缸内，鳞片朝下，层层撒盐，装满后用草袋或其他物品盖严，以石压紧，防止漏雨或蝇虫钻入。当鱼片有七八成干时，可堆成垛捂上两天，促使发酵再进行晾晒，这样食品味道更好。鱼片呈红白色，干度达到八九成，即算腌好。做法是将腌制好的鱼坯子去鳞洗净，切2寸左右长的鱼段，用锅蒸熟，即可食用，味道咸、鲜、口感好。

（三）　秀丽白虾

秀丽白虾是呼伦湖中独特的优质水产品，以其洁白、味道鲜美深受国内外市场欢迎。经过加工的虾仁称为湖米。秀丽白虾出水后，在较短时间内下锅煮熟，此时虾色白里透红。熟虾出锅后，均匀地摊在晾虾场上，勤翻勤摊。八成干时可装麻袋在虾场上抡起摔打，虾的皮壳即会脱落，然后用簸箕或利用风力将皮糠扬去，再用筛子筛选，分出等级，装袋销售。

呼伦贝尔市基本情况介绍

呼伦贝尔市得名于境内的呼伦湖（亦称达赉湖）和贝尔湖，处于中华人民共和国版图上的雄鸡之冠，是内蒙古自治区最东部的地级市。呼伦贝尔地处东经115°31′－126°04′、北纬47°05′－53°20′，总面积为25.3万平方公里；呼伦贝尔毗邻东北老工业基地，北和西北部以额尔古纳河为界与俄罗斯接壤，西和西南部同蒙古国交界，素有"鸡鸣闻三国"的美誉。全市下辖1区5市7旗，49个镇，14个乡，9个苏木，37个街道办事处，首府所在地海拉尔区是全市政治经济和文化中心。全市共有43个民族，总人口272万人，少数民族人口50.4万人，占全市总人口的18.5%，是一个以蒙古族为主体的多民族聚居地区。主要有以下几个方面的特点：

一是地域辽阔。呼伦贝尔市总面积为25.3万平方公里，东西绵延630公里，南北总长达700公里，占自治区总面积的21.4%，占全国总面积的1/40，其面积相当于山东、江苏两省面积的总和，也相当于1个英国和6个瑞士的国土面积，是全国国土面积最大的地级城市。全市耕地总面积为1797万亩，占全市土地总面积的4.7%，人均耕地面积6.6亩。呼伦贝尔拥有世界上目前保存最为完好、纯天然、无污染的天然草原，是中国最大的，也是世界上最著名的天然草原之一，天然草场总面积1.26亿亩，占全市土地总面积的33%。大兴安岭纵贯呼伦贝尔中部，绵延千里，构成了呼伦贝尔林业资源的主体，呼伦贝尔市林地面积达到2.03亿亩，占全市土地总面积的53.4%，占自治区林地面积的75%。森林覆盖率50%，活立木蓄积量11亿立方米，占全区的75%、占全国的9.5%。天然草场、天然林地人均占有量均居全国之首。

二是历史悠久。早在二万年前，古人类——扎赉诺尔人就在呼伦湖一带繁衍生息，创造了早期的呼伦贝尔原始文明。自公元前200年左右至清朝，辽阔的呼伦贝尔草原孕育了中国北方东胡、匈奴、鲜卑、契丹、女真、蒙古等诸多游牧民族。公元1世纪，活动在境内鄂伦春旗一带的拓跋鲜卑族"南迁大泽"（呼伦湖），建立了强大的鲜卑部落联盟，并入主中原，建立了北魏王朝。13世纪，随着蒙古族的强大，成吉思汗统一了包括呼伦贝尔在内的整个蒙古高原，清朝康熙、雍正年间，呼伦贝尔地区被划为2个行政区，岭西称呼伦贝尔，岭东称布特哈。1945年日本投降以后，岭西地区建立了呼伦贝尔地方自治政府，1954年设立呼伦贝尔盟，2001年10月10日经国务院批准实现撤盟设市。

三是文化灿烂。正是由于呼伦贝尔历史发展独特轨迹，被著名历史学家翦伯赞先生誉为"中国北方游牧民族成长的历史摇篮"，东胡、匈奴、鲜卑、蒙古等诸多游牧民族在这里创造了灿烂的游牧文化，也被史学家们称为"中华文明的第三源"。呼伦贝尔是典型的民族区域自治地方，全国仅有的3个少数民族自治旗——莫力达瓦达斡尔族自治旗、鄂温克族自治旗、鄂伦春自治旗都在我市，全区19个民族乡呼伦贝尔市占到了14个。达斡尔、鄂温克、鄂伦春"三少"民族和俄罗斯族，民俗文化原始奇异，独具魅力。生活在这里的巴尔虎、布里亚特、厄鲁特蒙古族也以其独特的民俗文化区别于内蒙古其他地区的蒙古族，呈现出了蒙元文化、俄罗斯文化、鄂温克文化、鄂伦春文化、达斡尔文化等多民族文化活力四射、齐头并进、共同繁荣的发展格局。

四是风光无限。呼伦贝尔大草原、大森林、大水域、大冰雪、大口岸、大民俗共同构成呼伦贝尔大旅游。森林与草原交汇、绿夏与银冬交替、民族风情与历史文化交融，森林、草原、湖泊基本保持了原始风貌，使呼伦贝尔正成为世人瞩目的旅游热点地区，素有"绿色净土"、"北国碧玉"之称，国家确定生态建设示范区，是全国旅游二十胜景之一和全国六大景区之一，全国唯一的国家级草原旅游重点开发区，呼伦贝尔还荣获了CCTV2006年度"中国最佳民族风情魅力城市"称号。也形成了独具特色的主题旅游形象：呼伦贝尔——中国北方原生态旅游胜地、休闲旅游胜地。开发了以草原、森林、冰雪、河湖、口岸、历史文化、少数民族风情、异域风情为主的一批旅游景区景点，并围绕景区景点推出了一系列精品旅游线路，概括来讲为"一条黄金曲线、五条精品环线、两条特色单线、五大客流中心"。2010年全市共接待游客980万人次，旅游业总收入143亿元。

五是资源富集。呼伦贝尔市现有耕地1797万亩，天然草场1.26亿亩，天然林地2.03亿亩，人均占有量均居全区全国前列。森林覆盖率为50%，活立木蓄积量达到11亿立方米，占全区的97%、全国的9.5%，绿色、生态农牧林业久负盛名。境内有3000多条河流、500多个湖泊。水资源总量316.2亿立方米，其中地表水资源占全区的73%。探明各类矿产资源65余种、矿点500多处。全市煤炭远景储量近2000亿吨，探明储量1000亿吨，探明储量是东北三省总和的6倍；拥有得耳布尔和大兴安岭两个有色（贵）金属成矿带，海拉尔盆地石油资源富集。由于我市煤水组合优势明显，国家已把我市列为国家重要的煤电、煤化工基地和大型石油基地。石油预测总资源量10亿吨。野生动物500余种，占全区的70%以上，国家级保护动物30余种。有经济价值的植物多达500种以上。被誉为"北方野生动植物的天然王国"。

六是民风淳朴。呼伦贝尔地处祖国北疆，在其长期的发展进程中，已经基本完成了从原始游牧向现代文明的转变。但同时也完整地保留了呼伦贝尔人原始的热情、善良、淳朴的独特地区民族人文性格。从农区的发展来看，这里的人们有很多是自明、清时代就来到呼伦贝尔戍边的移民，也有后期迫于生计，从山东、江浙等内陆地区到呼伦贝尔谋求生存的贫苦百姓，经过几代、甚至几十代的融合发展，已经形成了呼伦贝尔独特的地区风格，也同时保留了地区淳朴勤劳的生活习惯和善良朴实的人文性格，成为呼伦贝尔地区民族大家庭的重要成员。呼伦贝尔林区多年来作为国家重点木材供应基地，为国家建设付出了辛勤的汗水，由此也形成了林区人的豁达、直率，甘于奉献的精神。而牧区作为蒙古族聚居的主要地区和繁衍地，热情、好客、勇敢在他们的身上体现的最为突出。

七是口岸集中。我市地处祖国北部边陲，分别同俄罗斯、蒙古国交界，边境线总长1733.32公里，是全国唯一的中俄蒙三国交界区。我市现有8个口岸对外开放，分别为满洲里铁路、公路、航空口岸，黑山头、室韦口岸（对俄），阿日哈沙特、额布都格口岸（对蒙古国）和海拉尔东山机场航空口岸。其中，满洲里口岸为全国最大的陆路口岸，是亚欧大陆重要的国际通道。这些口岸的开放形成了以满洲里口岸为龙头，黑山头、室韦、阿日哈沙特、额布都格口岸为两翼，海拉尔航空港为中心，布局合理的沿边开放带和铁路、公路、航空立体交叉全方位对外开放的格局，使呼伦贝尔市具备了成为国家向北开放前沿阵地的基础条件。

图书在版编目(CIP)数据

呼伦贝尔文化博览 / 金昭主编.—呼伦贝尔：内蒙古文化出版社，2011.11
ISBN 978-7-80675-962-2
Ⅰ.①呼… Ⅱ.①金… Ⅲ.①文化—概况—呼伦贝尔市 Ⅳ.①G127.263

中国版本图书馆CIP数据核字（2011）第237086号

呼伦贝尔文化博览

金 昭　主 编

内蒙古出版集团有限责任公司
出版发行　内蒙古文化出版社
(呼伦贝尔市海拉尔区河东新春街4-3号)
邮　　编　021008
网　　址　www.nmwhs.com
投稿信箱　dingyongcai@163.com
直销热线　0470-8241422
印刷装订　北京宝隆世纪印刷有限公司
责任编辑　丁永才　包文明
装帧设计　董焕琴　董丽娜等
开　　本　260×186毫米
印　　张　9
字　　数　10万
2011年11月第1版　2011年11月第1次印刷
印数　1-5000册

ISBN 978-7-80675-962-2
定价：980.00元